PAR MONTS

ET

PAR VAUX

LÉON THAREL

PAR MONTS

ET

PAR VAUX

CARNET D'UN TOURISTE

PARIS
IMPRIMERIE SILVAIN DENNERY
40, RUE DES BLANCS-MANTEAUX

1873

Hæc olim meminisse juvabit...

POST-SCRIPTUM

Ce petit opuscule, destiné à devenir un ouvrage des plus rares, d'abord à cause de sa valeur intrinsèque, que personne évidemment n'osera contester, ensuite par cette raison non moins puissante qu'il est tiré à un petit nombre d'exemplaires, ne doit être feuilleté que par des mains amies.

Que ceci te soit une dédicace, ami qui me liras, et m'assure de ton indulgence.

Et maintenant, opuscule, mon petit, bon voyage! N'oublie pas à quelle circonstance tu dois d'avoir vu le jour, sois modeste, dis à ceux qui te chercheront querelle de lire la lettre ci-dessous, et fais honneur, si tu peux, à ton parrain, Eugène Pitou, et à ton père,

LÉON THAREL.

A LÉON THAREL

Mon cher ami,

J'avais pris l'engagement de vous rendre le manuscrit de votre gai récit, *par Monts et par Vaux*, dès que la publication en serait terminée dans la *Gazette de Vernon*.

Hélas! j'avais compté sans les imprimeurs, qui l'ont mis dans un tel état que je n'ose plus vous le présenter. Ne vous étonnez donc pas si je vous restitue votre bien sous cette forme nouvelle et plus durable du livre, votre modestie dût-elle en souffrir!

Vous pardonnerez au rédacteur en chef en souvenir de l'ami, heureux de vous donner ce témoignage de cordiale sympathie au moment où les hasards de la vie vont vous éloigner de lui..... sans toutefois vous en séparer tout à fait.

Sur ce, que mes vœux vous accompagnent! Puisse Dieu vous combler de postérité et vous accabler de bénédictions!

EUGÈNE PITOU.

PAR MONTS ET PAR VAUX

I

DE PARIS A GENÈVE

Le 6 juillet, Feldtrappe et moi, nous faisions nos préparatifs de voyage. Le train partait à 8 heures et demie du soir, et il était 7 heures et demie.

Feldtrappe, de son petit nom, s'appelle Henri, et moi, Léon. Nous n'avons aucune raison pour le dissimuler ; mais, vu les circonstances, nous avions pris le parti de nous appeler, lui Anatole et moi Nicolas. Pourquoi Anatole? Pourquoi Nicolas ? Ces deux noms nous étaient venus dans un accès de folle gaîté. Nous n'avons jamais su pourquoi.

Donc, nous faisions nos préparatifs.

— Voyons, à quelle heure au juste part le train?

— A 8 heures 40.

— 8 heures 40. Nous n'avons que le temps. Il faut dîner et la gare de Lyon est au diable.

— Allons, me voilà prêt.

— Moi aussi.

En effet, nos malles étaient faites. Voici ce que nous emportions : une chemise de flanelle, un grand désir de tout voir, une paire de gros souliers, un appétit énorme, une couverture de voyage, un guide Conty et une provision de bonne humeur; de plus, un grand bâton ferré, sur lequel se lisaient déjà les étapes d'un précédent voyage et que nous comptions bien rapporter illustré de nouveaux noms, — en un mot, un véritable *Alpenstock*.

A 8 heures 35 nous montions dans le train de Genève. Notre compartiment se trouvait au grand complet. Je ne vous dissimulerai pas que notre première impression ne fut pas favorable à nos voisins, d'autant plus qu'il faisait une chaleur étouffante et que, de Paris à Genève, il y a une nuit à passer.

Cependant, comme nous avions chacun un coin et, qu'à tout prendre, les physionomies que nous venions d'étudier rapidement autour de nous nous inspiraient une confiance suffisante, nous nous décidâmes à entamer la conversation.

— Dieu! qu'il fait lourd ce soir! dis-je à mon voisin.

Ce monsieur, qui paraissait assez expansif, répondit immédiatement.

partiment. On s'arrangea du mieux qu'on put et l'on mit la tête du jeune Anglais à la portière afin de lui faire prendre l'air.

Nous allions arriver à Fontainebleau, et ce malheureux garçon n'allait pas mieux. On parla de le faire descendre et de l'envoyer coucher à Fontainebleau; mais quand on voulut mettre la chose à exécution, il demanda si nous étions à « Tiourin ». Il allait à Turin.

On lui répondit qu'on n'y était pas encore tout à fait, mais que, comme il paraissait un peu indisposé, s'il voulait s'arrêter et coucher ici, il pourrait, en partant le lendemain de bonne heure, arriver le surlendemain soir à Turin.

Cette proposition n'eut pas l'air de lui sourire. Il balbutia d'une voix faible quelques mots qu'on n'entendit pas très bien, mais parmi lesquels on distinguait : « Tiourin — Tiourin — jé volais — yes. »

Nous plaignons véritablement ce pauvre garçon d'être obligé de faire une si longue route dans un pareil état.

Enfin quelques gouttes de sa fiole, l'air qui devenait un peu plus frais le remirent un peu. Il se rassit dans son coin et s'endormit le nez en l'air et la bouche ouverte.

Une rechute eût été terrible pour tous. Heureusement elle n'arriva pas. Il continua de dormir, et si profondément, que je ne serais pas étonné d'apprendre qu'il dort encore à l'heure qu'il est.

A l'avenir, il se méfiera du *champaine* et des gros cigares.

Il commençait à se faire tard. Chacun de nous éprouvait le besoin de dormir un peu, et bientôt le silence le plus complet régna dans le compartiment.

A Châlons, le sifflet de la machine nous réveilla tous, excepté le jeune Anglais. On se frotta les yeux, on s'étira, on allongea les jambes. Quelques bâillements assez prolongés se firent entendre, et on se regarda réciproquement, car, à la lumière vacillante de notre lumignon, on ne s'était pas suffisamment vu pour se connaître.

Chacun parut étonné de voir son voisin si laid.

Tous ces yeux à moitié ouverts, ces cheveux mal peignés, ces fronts luisants, ces nez couverts de poussière et ces barbes hérissées, tout cela donnait à notre compartiment une physionomie toute particulière qui tentera peut-être un jour le pinceau de mon ami Anatole. Je dois vous dire qu'Anatole peint. Il peint mal, mais il peint.

Le grand jour acheva de nous réveiller complètement. Le soleil radieux montait dans un ciel pur, impression toujours agréable au début d'un voyage. Peu à peu les conversations reprirent leur train.

On se mit à parler politique : chacun développa son système, excepté le jeune Anglais, qui se contentait de développer ses bras et ses jambes dans tous les sens.

Il faut n'avoir jamais parlé politique pour supposer que, parmi cinq ou six personnes, il ne se trouve pas au moins cinq ou six opinions différentes; — je dis au moins, parce qu'il y a des gens qui en ont plusieurs ; — nous n'étions donc pas tout à fait d'accord. Cependant, malgré quelques dissidences dans nos convictions politiques, nous n'en étions pas moins arrivés à une grande intimité, lorsque l'embranchement de la ligne d'Italie nous surprit à Culoz. — Le train se séparait; il fallut quitter nos compagnons de route. Ce fut un échange d'adieux et de regrets touchants; on se promit de se revoir.

Et le jeune Anglais dormait toujours.

Quelques instants après, le train de Genève nous emportait à travers les derniers contreforts du Jura, tout en longeant les rives du Rhône, qui se hâte de rentrer en France, après avoir fait un tour en Suisse.

La physionomie de notre nouveau compartiment n'avait rien de bien particulier. Nous étions toujours au complet. La distance qui nous séparait de Genève n'étant pas assez grande et étant trop accidentée pour nous paraître longue, nous ne cherchons pas à faire la connaissance de nos voisins, qui d'ailleurs ont l'air de ne présenter aucun intérêt : trois Anglais qui ne disent rien, un monsieur et sa femme, qui viennent de Lyon. Ces deux braves Lyonnais parlent tout le temps et trouvent le moyen de dire à tout le compartiment, qui ne le leur demande pas, qu'ils vont à Genève voir leur belle-sœur qui vient d'avoir la rougeole. Qu'est-ce que cela nous fait? C'est étonnant comme, en voyage surtout, on rencontre des gens qui ont la manie de raconter leurs petites affaires à tout le monde.

En face de nous, accroupie dans un coin, se trouve une charmante petite fille de cinq à six ans. Nous l'avions prise d'abord pour l'enfant des deux Lyonnais; mais nous savons bientôt par eux que cette enfant avait été déposée dans le wagon à Lyon par ses parents, qui l'envoyaient à Genève. Comme elle eût pu s'égarer, on avait cousu sur sa robe un morceau de toile portant l'adresse des gens chez qui elle allait. Je recommande à toutes les mères de famille cette manière de faire voyager les enfants... Elle dort et sa jolie petite tête blonde semble détachée d'un tableau de Murillo. Anatole fait son portrait. Le cahotement du train nuit quelque peu à la ressemblance. Je vous dirai même, entre nous, que cela ne ressemble pas du tout.

Il est onze heures, nous arrivons à Genève.

II

LE LAC DE GENÈVE

Nous quittons la gare et nos gros souliers ferrés font grincer le petit escalier placé à la droite de la sortie. Avec notre sac sur le dos, notre grand bâton à la main, Anatole, avec son petit chapeau orné d'un long voile bleu, moi avec ma casquette mexicaine, nous nous figurons que nous allons effaroucher les populations; mais il faut nous rendre cette justice que personne n'a l'air de faire attention à nous. Nous descendons la rue du Mont-Blanc, qui conduit au lac; nous traversons un pont, et là, nous admirons une vue magnifique que je vous recommande. A droite, l'*Ile Rousseau*, plantée d'arbres; à gauche, le lac, bordé de jolis hôtels et de charmantes villas; en face le *Mont-Salève*, et un peu en arrière, la chaîne du *Mont-Blanc*.

Notre admiration excite notre appétit et nous entrons à l'hôtel du Lac où nous trouvons, tout servi, un copieux déjeuner auquel nous faisons honneur.

Notre appétit satisfait, il s'agit de régler l'ordre et la marche de nos excursions. En principe, voici notre itinéraire : Genève, Chamounix, Martigny, Louèche, Interlaken, Lucerne, et retour à Paris, — sauf, bien entendu, les modifications ultérieures, car nous nous abandonnons complètement à un guide que nous conserverons jusqu'au retour. Ce guide s'appelle l'imprévu. Nous allons donc à Chamounix, mais comment et par où?

— Qu'en dis-tu? fait Anatole, si nous partions tout de suite pour Chamounix?

— Et comment?

— *Pedibus cum jambis!*

— Diable! c'est un peu loin; nous n'arriverons pas ce soir et je t'avoue que ma nuit entre Dijon, Mâcon...

Anatole, qui n'a pas dormi, n'insiste pas.

— Si nous prenions la diligence fédérale?

La diligence fédérale ne part que le lendemain matin; toutes les places d'impériale sont retenues, et l'idée de voyager dans l'intérieur de cette boîte jaune ne nous sourit que médiocrement.

Si nous prenions une voiture particulière?

— Tu veux donc nous ruiner? dit Anatole. Tu sais que ces choses-là coûtent des sommes folles.

Tout en discutant sur le mode de locomotion, nous étions arrivés sur le quai, où nous apercevons une certaine animation.

C'était une foule de gens qui arrivaient avec des bagages qu'on chargeait immédiatement sur un grand bateau amarré là, tout prêt à partir.

— Où va donc ce bateau? demandons-nous à un individu qui déchargeait les bagages.

— Au Bouveret, monsieur.

— Et du Bouveret?

– Dame! il s'arrête là. C'est le bout du lac.

— *Le bout vrai?*

— Le Bouveret, oui, monsieur, dit le Genevois, qui ne saisit pas la plaisanterie.

— Eh! parbleu! c'est notre affaire, nous prendrons le bateau.

— Dans combien de temps part-il?

— Dans dix minutes.

— J'ai encore le temps d'aller me faire couper les cheveux, me dit Anatole.

— Mais non!

— Mais si!

— D'ailleurs, tu n'as pas besoin de te faire couper les cheveux.

— Mais si!

— Mais non!

Malgré tout ce que je peux lui dire, voilà Anatole parti et je l'aperçois de loin, à travers les carreaux de la boutique, qui livre sa tête à la perruquière. Moi, j'attends auprès du bateau. On sonne la cloche; Anatole ne revient pas. Je lui fais des signaux, je le hèle... Il ne regarde pas, il n'entend rien.

Le bateau va partir. Je cours à la boutique et je prends Anatole par le collet.

— Viendras-tu enfin! Le bateau part.

— Mais ça n'est coupé encore que d'un côté...

— Tant pis. Tu te feras couper l'autre plus tard.

Et je l'entraîne, avec ses cheveux longs d'un côté et courts de l'autre, vers le bateau où nous nous précipitons juste au moment où l'on allait enlever la passerelle.

Le bateau est parti; nous avons quitté Genève. Le temps est magnifique, quoique un peu brumeux à l'horizon, et nous allons... A propos, je vous ferai remarquer que je ne vous ai fait aucune description de Genève. Mon Dieu, j'aurais pu tout comme un autre vous dire qu'avant d'être conquise par les Romains, qui la possédèrent pendant 800 ans, Genève était en la possession des Allobroges, ancien peuple de la Gaule Narbonnaise et qu'elle devint, etc., etc., etc. Mais je préfère vous dire que si vous voulez vous instruire à cet égard, vous trouverez une foule de livres qui vous renseigneront mieux que moi.

Nous allons donc au Bouveret et notre guide, l'imprévu, comme vous savez, nous indique que là, nous prendrons le chemin de fer et qu'au lieu d'aller à Martigny par Chamounix, nous irons à Chamounix par Martigny, ce qui n'est pas du tout la même chose, comme on pourrait le croire.

Le lac de Genève s'étend sur une longueur d'environ 25 lieues, ce qui nécessite un trajet de six à sept heures. Lorsque le temps est beau, c'est un voyage charmant. Les rives du lac sont ravissantes. Quand vient le soir, le soleil se couche, — c'est son habitude en Suisse, — et derrière les coteaux verts qui bordent le lac, au loin, le *Mont-Blanc* s'illumine des feux de l'astre mourant, qui

....., sans doute las
D'éclairer le monde,
S'en va chez Téthys
Rallumer dans l'onde
Ses feux amortis.

Ce spectacle est beau, il est grand, surtout quand on le voit. Malheureusement, ce jour-là, il faisait trop de brume et nous n'avons rien vu.

Forcés de chercher des distractions autour de nous, nous faisons des études de types.

Je vous recommande celui-ci :

Le voyageur grincheux.

En partant de Paris, aux bagages, nous voyons arriver un monsieur effaré. Il s'adresse à l'employé :

— Dites donc, faites donc enregistrer mes bagages.

— A votre tour, monsieur!

— Mais voilà un quart d'heure que je suis là.

— Comme tout le monde, monsieur.

Le monsieur, se retournant vers sa femme :

— Comme ces gens-là sont grossiers !

A l'employé :

— Ah çà ! dites donc, vous, est-ce que vous ne voulez pas faire enregistrer mes bagages? Je m'en vais me plaindre au chef de gare. Voilà un monsieur qui passe, j'étais là avant lui; c'est une infamie.

— Mais monsieur...

— Je vous dis que c'est une infamie.

Notre monsieur monte de son côté, nous du nôtre. A Genève, nous réclamions tranquillement nos bagages, quand je reçois un grand coup de coude dans le dos. Je me retourne pour dire :

— Mais ne poussez donc pas !

Qu'est-ce que j'aperçois? Notre monsieur. Il était furieux, il voyait ses bagages entassés sous d'autres, et, avant qu'il y eût rien de défait, il disait à l'employé :

— Passez-moi mes bagages.

— Attendez, monsieur, on va ranger les colis.

— Voilà les miens, tenez, là-dessous, vous voyez, les deux malles et le sac de voyage.

— Tout à l'heure, monsieur.

— Mais puisque je vous dis que les voilà.

L'employé ne répond pas.

— Quand je vous dis que les voilà.

L'employé s'en va d'un autre côté; le monsieur court après lui.

— Hé! dites donc! hé! mais puisque je vous dis que les voilà.

— Mais vous voyez bien, monsieur, que je commence par le commencement; je vais arriver aux vôtres tout à l'heure.

Le monsieur se retournant vers sa femme :

— Crois-tu, ma chère! Sont-ils assez impolis, hein! je crois, ma parole d'honneur, que c'est encore pire ici qu'en France.

Enfin, il faut croire qu'ils ont fini par les avoir, car nous les avons retrouvés, eux et leurs bagages, sur le bateau. Le monsieur avait rencontré là quelques personnes de connaissance; nous-mêmes nous étions mêlés à la conversation. On parlait un peu de tout. Le monsieur était un de ces individus qui font les beaux parleurs, de ceux qui se croient intéressants; il racontait des histoires à dormir debout.

— Ah oui! nous disait-il à propos d'un vieil avare dont il était question, ah oui! je l'ai bien connu. En voilà un ladre, un pingre; il est vrai qu'il a laissé dix millions à ses héritiers, mais croiriez-vous qu'un jour, il avait donné un vieux chapeau à son domestique.

— Bon, l'histoire du chapeau, exclamons-nous en chœur, Anatole et moi.

— Vous la connaissez, dit le monsieur piqué.

— Qui ne connaît pas cette histoire-là? répond Anatole.

— Alors racontez-la, monsieur.

— Pas du tout, monsieur, vous vous en tirez très bien; l'assistance n'aurait qu'à y perdre, ajouta Anatole d'un ton moitié railleur, moitié sérieux.

— Je continue, reprit le monsieur en nous regardant de travers. Le domestique fait retaper le chapeau et, un dimanche, il sortait coiffé du couvre-chef, lorsque son maître l'aperçoit.

« — Tiens, Baptiste, tu as un joli chapeau, toi.

« — Mais, monsieur, c'est celui que vous m'avez donné, je l'ai fait retaper.

« — Comment! c'est mon chapeau! combien ç'a t'a-t-il coûté?

« — Trois francs, monsieur.

« — Tiens, voilà les trois francs, rends-moi mon chapeau. »

Oui, messieurs, c'est historique, et voilà un homme qui a laissé dix millions. C'est une infamie.

— C'est peut-être, ajoute un monsieur judicieux, en agissant ainsi qu'il est arrivé...

— Moi je vous dis que c'est une infamie.

La conversation continua quelque temps sur ce ton, mais peu à peu elle se ralentit; le monsieur ne disait plus grand'chose, il paraissait préoccupé.

Il y a sur les bords du lac une douzaine de stations où montent et descendent les voyageurs. Le bateau s'arrête à peine, on le voit arriver, on jette la corde, on pousse le pont volant, on descend, on monte et on repart. C'est très vite fait.

Notre monsieur allait à Evian, à peu près à moitié du lac.

— Nous n'arriverons jamais, disait-il. Dieu! quel mauvais bateau! Il n'avance pas. Enfin..... Je crois que voilà Evian? allons, ma chère, apprêtons-nous.

Et les voilà qui s'apprêtent, qui rassemblent leurs bagages, qui vont, qui viennent. Ils sont dans tous leurs états. On touche.

— Vite! dit le monsieur.

Le voilà sur le bord.

— Les bagages! passez les bagages!

On passe une malle, un sac de nuit. La dame passe, on croit que c'est fini : on enlève le pont volant, mais il restait encore une malle. Le monsieur ne se tenait plus, il criait, il gesticulait. Le bateau s'en allait.

— Ma malle! hurlait-il, ma malle! il me faut ma malle! vous ne partirez pas!

Et il se cramponnait à la corde.

Le bateau était parti.

Nous entendions le monsieur qui criait :

— C'est une infamie.

Puis nous ne l'entendions plus, mais nous le voyions qui agitait encore ses bras dans la direction du bateau avec des airs menaçants.

Ah ! le bon type !

III

MARTIGNY

A huit heures et demie du soir, nous arrivions au Bouveret. Le chemin de fer nous attendait. Nous montons en wagon, et deux heures après nous sommes à Martigny.

La gare, petite, étroite, est mal éclairée. Quelques individus se précipitent sur nous et nous offrent de nous servir de guides. Nous n'écoutons rien ; nous en avons un, nous n'en voulons pas d'autres. Nous sortons de la gare. Il fait noir, très noir et nous marchons devant nous, supposant bien que Martigny doit se trouver par là quelque part. Nous voilà dans la plaine.

— Et Martigny ?

— Serait-ce cette lumière qu'on aperçoit là-bas ?

— Allons-y, nous verrons bien.

C'était Martigny en effet. Nous entrons dans le premier hôtel que nous trouvons et nous nous faisons servir à dîner, ou plutôt à souper, car l'heure de dîner est passée depuis longtemps.

Le garçon qui nous sert ne parle qu'allemand (nous sommes dans le Valais). Anatole, qui se pique de connaître cette langue, l'interpelle pour lui demander du vin.

— Garçon, *geben sie uns ein flash wein.*

Le garçon part comme une flèche. Anatole, enchanté d'avoir été compris, se frotte les mains et me dit avec un certain air de satisfaction :

— Vois-tu, Nicolas, quand on veut voyager, il faut toujours savoir trois ou quatre langues. Si nous n'avions pas pu nous faire comprendre de ce garçon, nous aurions été exposés à nous coucher sans souper, ce qui eût été horrible ; heureusement...

Notre homme revient, apportant de la viande froide. Il n'avait pas compris du tout. Je ne peux retenir un grand éclat de rire, et Anatole, très vexé, s'embrouille dans des explications, toujours en allemand, qui ont l'air d'effrayer le garçon.

— Laisse-moi faire, lui dis-je. *Sie haben nicht verstand, kellner; wir wollen wein, verstehein sie, wein?* (Vous n'avez pas compris garçon ; nous voulons du vin, comprenez-vous, du vin.)

— *Ah! ya!* fait le garçon.

Et le voilà parti de nouveau. Un instant après, il revient, n'apportant rien du tout, mais accompagné de son patron, qui nous dit :

— Vous désirez, messieurs ?

— Eh! parbleu, nous voulons souper. Voilà un quart d'heure que nous nous tuons à le dire à cet abruti qui met évidemment de la mauvaise volonté à ne pas vouloir nous comprendre.

— Excusez-le, messieurs, nous dit le patron, qui ne veut pas humilier des clients. Ce garçon ne parle pas un très bon allemand et ces messieurs parlent probablement trop bien pour pouvoir se faire comprendre par lui.

— Je te le disais, fit Anatole d'un air triomphant.

Enfin nous soupons, et tout en soupant, nous prenons nos renseignements pour le lendemain. On nous assure que ce n'est pas la peine de partir avant sept heures, si nous ne tenons pas à arriver avant le soir à Chamounix.

Nous allons fumer un cigare sous un immense poirier, au bout de la maison. Il fait un ciel splendide. De hautes montagnes noires nous environnent, et l'obscurité dans laquelle nous nous trouvons fait admirablement ressortir l'éclat des milliers d'étoiles.

— Jetées là-haut comme une poudre d'or sur un manteau d'azur, dis-je. Quelle poésie!

— Oh! oui, réplique Anatole avec onction, la nuit est calme et... à propos, tu sais qu'il faut nous lever demain matin de bonne heure, et il me semble qu'il y a longtemps que je n'ai dormi dans un lit.

— Alors, je te fais une proposition.

— Laquelle ?

— Allons nous coucher.

— Accepté.

A peine étions-nous endormis qu'un bruit de cloches, un véritable carillon nous réveille en sursaut.

Qu'est-ce que c'est que ça, bon Dieu ? Nous nous levons ; nous courons à la fenêtre pour voir si le feu n'est pas à l'hôtel. Rien ne bouge, tout dort. Nous ne voyons rien que

> ..... Dans la nuit brune,
> Sur le clocher jauni,
> La lune
> Comme un point sur un *i*.

C'est l'*Angelus* probablement. Nous nous recouchons et nous commencions à dormir assez bien lorsqu'on frappe à notre porte. Il fait grand jour, il est six heures, il faut se lever, déjeuner et partir.

IV

SAC AU DOS ET BATON EN MAIN

A sept heures nous traversions Martigny, le bâton à la main, le sac sur l'épaule, l'air crâne, en vrais touristes enfin.

Jusque-là, ce n'avait été que le prologue de notre voyage. Ici commençaient véritablement nos excursions *par monts et par vaux.*

On nous indique le chemin. La montagne que nous gravissons s'appelle *la Forclaz*. Suivant les instructions de notre guide, nous montons lentement et à pas égaux. Au bout d'un quart d'heure, nous nous retournons tout étonnés du chemin que nous avons déjà fait. La vallée est loin à nos pieds.

Nous nous trouvons en face de deux routes : l'ancienne et la nouvelle. L'ancienne est plus courte, mais plus rapide. La nouvelle, grâce à tous ses contours, est relativement douce à monter. Nous prenons l'ancienne.

A la fonte des neiges, cette route doit être un torrent. Les pierres ne tiennent pas au chemin et le pied se pose toujours de travers sur ces pierres qui dégringolent en avalanche derrière nous.

— Un drôle de chemin, fait Anatole.

— Il fait horriblement chaud ; si nous nous arrêtions un peu pour souffler !

Nous nous asseyons un instant sur le bord du chemin, les yeux fixés sur une belle vallée qui s'étend à nos pieds et qui paraît s'accidenter d'une manière effrayante vers l'endroit où nous allons.

Nous continuons notre route. A peu près à moitié de la montée, nous trouvons une bonne vieille femme, assise sur le seuil de sa cabane. Elle nous offre du lait et du kirsch et nous buvons un verre de ce mélange. La vieille nous raconte comment elle passe son temps dans cette cabane isolée. Au printemps, elle vient là ; il lui arrive souvent de trouver le toit de sa cabane effondré par la neige. Quelque paysan répare la maison tant bien que mal, et voilà la brave femme installée jusqu'à l'hiver, où alors elle redescend dans la vallée.

Singulière existence ! Comme il y a loin de là à la place de la Bourse! Cependant n'allez pas croire que ces gens-là ne sachent rien des choses de la terre. En partant, comme nous lui donnions une pièce du pape, elle nous fit remarquer que ces pièces n'avaient pas cours.

A 11 heures, nous arrivions au haut de la *For-*

claz; nous commençons à être fatigués, car voilà quatre heures que nous montons, et par quel chemin, grand Dieu! Nous trouvons là une espèce de petite auberge où nous nous arrêtons un instant pour nous rafraîchir. Nous en avions singulièrement besoin.

Nous ne restons pas longtemps, car nous voulons arriver au *col de Balme* pour déjeuner, et nous avons encore beaucoup à monter.

— Messieurs, dit l'ancien gendarme qui tient maintenant la petite auberge, vous allez descendre jusqu'au fond de la vallée, vous trouverez un petit pont, puis vous prendrez un peu sur la gauche et vous monterez ensuite par le *bois Magnin* jusqu'à...

— Ah! nous avons un bois à traverser, dis-je, enchanté.

— Oui, monsieur, le *bois Magnin.*

— Merci, mon Dieu! J'avoue que par ce soleil torride, les crêtes nues sont désagréables à monter. Vous disiez donc?

— Je disais, monsieur, que vous montez par le bois jusqu'à ce que vous aperceviez une maison blanche. Alors vous n'aurez plus qu'à aller droit devant vous : la maison blanche, c'est le *col de Balme.*

Nous remercions ce brave homme de ses obligeantes explications, et nous descendons dans la vallée par un petit chemin vert, sinueux, charmant.

Nous descendions, mais c'était pour mieux monter. Voici la route qui se raidit devant nous. Nous allons et le soleil, pendant cette ascension, concentre sur nous toutes ses tendresses. Nos sacs se fondent en eau et ma casquette ruisselle. Nous aspirons après le *bois Magnin* comme le pèlerin dans le désert aspire après l'oasis.

— O ombre! ô fraîcheur!

— Voilà le *bois Magnin*, dit Anatole.

— Comment, ça, le *bois Magnin!*

— Hélas! dit Anatole en soupirant, il n'y a plus à en douter.

Non, vous n'avez jamais vu de bois comme le *bois Magnin*. Il n'y a qu'en Suisse qu'on voit de ces bois-là. Les avalanches, les tempêtes ont passé par là, et tous les arbres ont perdu la tête. C'est à en faire comme eux, ma parole d'honneur!

— Enfin, il faut en prendre son parti.

— Prenons-le gaiement, qu'en dis-tu?

— C'est ce qu'il y a de mieux à faire. Allons.

Et nous montons. Au bout d'une heure nous nous asseyons sur le bord du chemin qui continue à devenir de plus en plus raide, à peu près comme nos jambes.

Un pierrot égaré, perché sur la pousse d'un tronc, siffle auprès de nous.

— Est-ce une ironie?

Bon, maintenant, voici la faim qui s'en mêle. La soif, c'était déjà bien assez. Nous reprenons notre course, et nous recommençons à monter.

— Anatole, mon frère Anatole, ne vois-tu rien venir?

— Je ne vois que la montagne qui blanchit et la poussière qui poudroie.

— Tu ne vois pas la maison blanche?

— Si, je la vois. — Non, je ne la vois plus!

Notre course prend alors des proportions telles que la langue d'Homère est seule capable d'en dépeindre les émotions.

Oyez, mes frères, oyez!

V

LE COL DE BALME

Sur le bord des pentes rapides,
Bâton en main et sac au dos,
Tous deux, voyageurs intrépides,
Nous courions par monts et par vaux.

A travers des zigzags sans nombre,
Nous gravissions gaîment les monts,
Dans des bois montants et sans ombre
Humant l'air chaud à pleins poumons.

Plus haut, la brise est fraîche et douce.
« Asseyons-nous et respirons. »
Et nous étendant sur la mousse
Où viennent les rhododendrons.

Nous plongeons nos yeux vers la terre,
Où l'on voit là-bas, tout en bas,
Ces pauvres mortels, ô misère!
Si gros..... qu'on ne les voyait pas.

Et puis, sans tarder davantage,
Nous les saluons de la main,
Et reprenons notre courage,
Nos bâtons et notre chemin.

Phébus, de ses feux trop prodigue,
Darde sur nous ses rayons d'or;

Mais nous, narguant chaleur, fatigue,
Nous montons, nous montons encor.

Cependant nos charges sont lourdes.
Et pour les alléger un peu,
D'un seul trait nous mettons nos gourdes
A sec dans nos gosiers en feu.

Mais nous apercevons le faîte.
Le sommet, enfin le voilà !
Nous nous en faisons une fête,
Mais, patatras!... ce n'est pas là.

A mesure que l'on avance,
Un autre sommet apparaît,
Et toujours ainsi l'espérance
Tour à tour naît et disparaît.

Un sommet sur l'autre s'étale,
Et ça recommence toujours.
C'est le supplice de Tantale
Se renouvelant de nos jours.

Et nos gourdes, hélas! sont vides;
Pour humecter nos lèvres... rien.
Et dans ces parages arides
Il faisait une soif de chien.

Nous avons toujours la ressource
D'admirer le pays d'en haut,
Mais la moindre petite source
Serait bien mieux ce qu'il nous faut.

« Mon royaume pour une goutte
De chaud, de froid, de fort, de doux !
Nous y mettrons ce que ça coûte,
N'importe quoi! Mais servez-nous! »

Et rien, personne... l'écho même,
Ce bon écho ne répond pas.
Il rit de notre peine extrême,
Et nous laisse dans l'embarras.

La salive épaisse qui reste
Sur nos lèvres, les fait coller,
Et nous n'avons plus que le geste,
A défaut de voix, pour parler.

Nous voilà tous deux, en silence,
Grimpant de sommets en sommets,
Disant par geste : « O Providence!
A quel destin tu nous soumets! »

Nous causions ainsi sans rien dire,
Quand tout à coup à l'horizon,
O surprise! ô joie! ô délire!
Paraît une blanche maison.

« Quand les Hébreux suivaient Moïse,
Disent nos gestes éloquents,
En voyant la terre promise
Ils ne furent pas plus contents. »

Cet espoir nous donna des ailes;
Il n'était que temps. Nous sentions
Nos jambes qui ployaient sous elles,
Crier grâce! quand nous marchions.

La maisonnette nous appelle,
Et nous fait, pour y parvenir,
Trouver une force nouvelle.
Nos voix semblent nous revenir.

Quand soudain, notre ivresse folle,
Au détour d'un sentier tortu
Comme une illusion s'envole...
La maison blanche a disparu!

Alors nos deux faces pâlissent,
Le désespoir revient en nous.
Nos jambes inertes fléchissent
Et nous tombons sur les genoux.

Nous étions depuis plus d'une heure
Dans cette position-là
Lorsque la fortune meilleure
Tout doucement nous éveilla.

C'était au loin un doux murmure,
Un chant mélodieux et clair,
Un frais accent de la nature.
« Où donc ai-je entendu cet air!

« — Je le connais, dit Anatole, »
A qui ce réveil en sursaut
Venait de rendre la parole,
« Je le connais, c'est *le Ruisseau* (1).

A ce mot qui nous rend la vie
Et nos jambes en même temps
Vers le ruisseau, source bénie,
Nous nous élançons, haletants.

Le malade en ses jours de fièvre.
Par l'horrible soif tourmenté,
N'a jamais senti sur sa lèvre
Une semblable volupté.

Sous sa brûlante latitude,
L'Arabe ne sait pas encor,
Quand il tombe de lassitude,
Ce que vaut un pareil trésor.

(1) Charmante mélodie de Gounod : *le Ruissedu.*

Quand notre soif fut apaisée,
Ce fut le moment de partir.
La route était moins malaisée,
Mais il nous fallait en sortir.

La maison était reparue.
Nous la voyions toujours là-haut.
Nous ne la perdions plus de vue.
Puis il faisait un peu moins chaud.

A droite d'immenses abîmes
Descendaient dans les profondeurs,
Sur la gauche, de blanches cimes
Brillaient au loin dans les hauteurs.

Au-dessus de nous, juste en face,
La maison nous tendait les bras,
Et nous trouvions, de place en place,
La neige enfonçant sous nos pas.

Enfin! au bout de notre peine,
Bientôt nous sommes arrivés.
« Vite! — Il est temps. — Je perds haleine.
Nous y voilà! Mon Dieu! sauvés! »

Sauvés, oui, mais on le devine,
Dans quel état! « Soutenez-moi!
« Je défaille, bonté divine! »
La maison est toute en émoi.

Je tombe en m'écriant : « A boire! »
Et le maître de la maison
S'en va vite, vers son armoire,
Pour nous chercher quelque flacon.

Une famille est là qui dîne.
Ce sont de nobles étrangers,

Des Anglais, si j'en crois leur mine,
Que notre entrée a dérangés.

Ils sont là qui boivent à table,
Tout en riant à nos dépens,
Lorsqu'un monsieur plus charitable
S'approche : « Pauvres jeunes gens!

« Vous allez loin d'ici, sans doute?
Je vous plains, fait-il doucement.
Quel besoin vous a mis en route?
— Monsieur, c'est pour notre agrément! »

Ce que vous venez de lire... si vous l'avez lu, donne une idée exacte de la situation dans laquelle nous nous trouvions au *col de Balme.*

Quand on a gravi, l'une après l'autre, ces deux montées si pénibles, on se trouve tout d'un coup en face d'un panorama splendide. A vos pieds s'étend la vallée immense, superbe ; à l'horizon, la ligne tourmentée de la chaîne des Alpes. Ce spectacle grandiose, que le point culminant rend inattendu, est admirable. Cependant, je dois vous dire que nous étions tellement fatigués, que nous n'avons pas songé un instant à jouir de ce coup d'œil imprévu. Pour ma part, je n'y voyais plus clair. J'avais une idée fixe : entrer quelque part, m'asseoir, défaire mon sac, mes souliers et boire. Notre entrée dans la salle de l'auberge fut un vrai succès. Nous avions de si drôles de têtes, que les quelques personnes qui se trouvaient là partirent d'un grand éclat de rire. Je tombai plutôt que je ne m'assis sur une chaise qui se trouva là fort à propos. Je ne pouvais plus faire un mouvement. Je priai Anatole, à qui il restait un semblant de force, de m'aider à défaire mon sac. Il posa son chapeau sur la cheminée, et fit quelques pas pour venir à mon secours. Il ne s'était pas aperçu que le cordon en caoutchouc de son chapeau était resté attaché à sa boutonnière; à chaque pas qu'il faisait, ce malheureux cordon se tendait, se tendait, si bien que lorsqu'il arriva près de moi, le chapeau qui était retenu par je ne sais quoi sur la cheminée, s'élança tout à coup comme une fusée, alla flanquer une calotte à un Anglais, décoiffa une jeune fille, renversa deux bouteilles sur une table, et finalement s'en vint s'aplatir sur le nez d'Anatole. L'hilarité fut à son comble : on ne s'était jamais tant amusé au *col de Balme*.

Quand le calme fut un peu rétabli, on nous apporta à déjeuner. Quelques instants après, nous nous sentions un peu mieux; il était alors deux heures et demie. Nous étions arrivés au point le plus élevé, et, jusqu'à Chamounix, nous n'avions plus qu'à descendre, ce qui nous promettait la route moins rude et moins longue. Nous avions donc le temps de nous reposer un peu.

Après avoir passablement déjeuné, nous allons, pour faciliter notre digestion, nous étendre sur l'herbe, devant la maison. Anatole prend son crayon et sa pipe, puis se met à l'œuvre, moi je prends ma pipe et je contemple ce panorama splendide dont je vous parlais tout à l'heure. Devant cette grande nature, j'éprouve le besoin de me recueillir et je ferme les yeux...

Environ une heure après, je me sens secouer le bras.

— Ohé! Nicolas!

— Hein!

— Eh bien! voyons, partons-nous?

— Hein!

— Allons, allons!

Je m'étais recueilli profondément.

VI

CHAMOUNIX

Voyez ces deux chamois qui bondissent à travers les coteaux, enjambant les petits tertres, sautant les ruisseaux, comme si quelque chasseur les poursuivait...

Ces chamois, c'était nous. Grâce à une théorie très ingénieuse d'Anatole, nous ne devions plus être fatigués. Il prétend que ce ne sont pas les mêmes muscles qui servent pour monter et pour descendre, de sorte que, quand les muscles montants seraient rompus, les muscles descendants devraient être frais et dispos, d'où il conclut, sans réserve, qu'un voyageur qui monterait pendant six heures et descendrait ensuite pendant six heures ne devrait pas être plus fatigué qu'en sortant de chez lui.

C'est une observation profonde dont vous pouvez faire votre profit à l'occasion.

Nous sommes sur le dernier versant. Dans quelques moments nous serons dans la vallée, séparée encore de nous par une pente à pic que nous pouvons du reste éviter en faisant un détour. Naturellement, nous ne faisons pas ce détour et nous voilà bientôt dégringolant tous les deux, l'un après l'autre, au grand dommage de nos pantalons, qui n'iront pas jusqu'au bout de notre voyage, si nous prenons souvent ce mode de locomotion.

Nous arrivons cependant sans trop de contusions jusqu'au chemin d'où nous apercevons le clocher d'Argentières.

Encore deux heures de marche, et sans monter ni descendre. Malgré le système des muscles montants et descendants, nous commençons à sentir un peu de raideur dans les mouvements. Nous n'osons plus nous reposer de peur de ne pouvoir nous relever, et nous étions même en train de nous dire : « Si les habitants de Chamounix étaient des gens intelligents, ils nous enverraient une voiture au bas de la montagne, » quand nous voyons venir à nous trois ou quatre individus.

— Messieurs, voici une voiture pour Chamounix.

— Messieurs, mon char est là tout près.

— Messieurs, voici une bonne voiture et un excellent cheval.

— Faisons nos prix, dit Anatole.

— Je vous conduirai pour 6 francs, dit l'un.

— Je ne vous prendrai que 5 francs, dit l'autre.

— Moi, 4 francs, dit un troisième.

— 2 francs 50 fait un quatrième.

— Qu'en penses-tu, me dit Anatole?

— Moi, j'attends qu'ils nous offrent de l'argent pour nous conduire.

Tandis que nos individus s'invectivent fortement entre eux, le plus malin vient à nous et nous dit :

— Je vous conduirai pour rien, seulement vous descendrez à l'hôtel du Mont-Blanc.

Nous voulons bien descendre à l'hôtel du Mont-Blanc, mais nous ne voulons pas y être contraints. Nous prenons la voiture à 2 francs 50 centimes, qui nous emmène sans conditions et nous nous faisons conduire à l'hôtel du Mont-Blanc.

Vous vous demandez comment il se fait que ces voitures se trouvaient là juste à point pour nous attendre.

Vous pensez bien, n'est-ce pas, que ce n'était pas le Conseil municipal de Chamounix qui les avait envoyées à notre rencontre. C'était le monsieur charitable du *col de Balme* qui avait vu ces voitures à Argentières; elles retournaient à Chamounix, après avoir amené au bas de la montagne des voyageurs qui faisaient la même excursion que nous, mais en sens contraire. Il leur avait dit :

— J'ai rencontré là-haut deux voyageurs qui paraissaient bien fatigués; je crois qu'ils ne seraient pas fâchés ds trouver une voiture ici.

Et les autres, enchantés de ne pas retourner à

vide, étaient accourus nous offrir leurs services au rabais.

Voici donc Chamounix! Nous entrons dans la ville, une ville grande comme Tôtes, mais pleine d'animation. C'est l'heure où tout le monde est rentré des excursions de la journée. Les guides sont assis par bancs devant leurs portes, ou forment des groupes de place en place. Les habitants regardent par les fenêtres. C'est la diligence de Genève qui arrive, ce sont des touristes attardés qui rentrent, ce sont des étrangers qui se promènent, des Anglais surtout, et des Anglaises avec leurs robes retroussées, leur petit chapeau et leur long voile bleu qui tient au chapeau et vient s'enrouler autour du cou. J'en ai vu de charmantes, une entre autres, qui... que... mais à quoi bon? je ne la reverrai jamais. Tout le monde cause, c'est un brouhaha qui ne manque pas d'originalité. Là, tout près, se dresse le clocher de Chamounix; nous montons sur les marches de l'église, d'où nous plongeons dans le jardin du presbytère, et nous voyons le curé qui se promène en compagnie de son vicaire, tous deux fumant une longue pipe.

La nuit est venue et l'ombre qui descend fait peu à peu cesser les bruits de la rue, puis la lune se lève et le paysage prend des teintes admirables.

Le *Mont-Blanc*, au pied duquel se trouve Cha-

3.

mounix, s'éclaire aux rayons de la lune et me rappelle ces vers, que j'ai la bonté de communiquer à Anatole d'une voix émue :

« Son front blanc dans la nuit semble une aube éternelle;
Le chamois effaré, dont le pied vaut une aile,
L'aigle même le craint, sombre et silencieux;
La tempête à ses pieds tourbillonne et se traîne,
L'œil ose à peine atteindre à sa face sereine
Tant il est avant dans les cieux.

« Et seul à ces hauteurs, sans crainte et sans vertige,
Mon esprit, de la terre oubliant le prestige,
Voit le jour étoilé, le ciel qui n'est plus bleu,
Et contemple de près ces splendeurs sidérales
Dont la nuit...

— Si nous allions dîner! dit Anatole. Il est neuf heures.

— Oui, tout de suite.

..... sème au loin ses sombres cathédrales,
Jusqu'à...

— Ah çà! tu es assommant. Je te dis qu'il est neuf heures.

— Eh bien! j'y vais, mon Dieu!

Jusqu'à ce qu'un rayon de Dieu... »

Anatole se met à chanter à tue-tête. Impossible

de continuer. Je le suis donc et nous rentrons à l'hôtel, où nous demandons à dîner.

Ainsi que cela arrive souvent quand on est trop fatigué, nous n'avons pas bien faim; en revanche, nous avons soif. Nous demandons une bouteille de champagne. Peu à peu notre fatigue disparaît et la gaîté, — une gaîté un peu nerveuse, — nous revient.

Nous appelons un garçon pour lui demander des renseignements sur notre itinéraire du lendemain. Anatole prend la parole :

— Dites donc, garçon, nous voulons aller demain au *Montanvers* et à la *Mer de glace*.

— Ah! monsieur, c'est une jolie excursion, ça!

— Et combien de temps faut-il pour aller là?

— Oh! monsieur, ça dépend. Cinq ou six heures de montée, puis pour traverser la *Mer de glace*, il vous faut...

— A propos, fait Anatole, on nous a dit qu'on pouvait traverser la *Mer de glace* en bateau. Est-ce vrai? Est-ce qu'on peut...

Le garçon, ahuri, se demande si nous voulons rire. Il nous regarde tous les deux. Nous conservons un flegme imperturbable.

— C'est la première fois, reprend Anatole avec le plus grand sérieux, que nous venons ici et nous voudrions savoir...

— Mais, monsieur, la *Mer de glace*, c'est une

mer, si vous voulez, mais je vais vous expliquer...

On appelle le garçon et ça interrompt ses explications.

Passe un de ses collègues.

— Garçon!

— Voilà, voilà!

— Dites donc, quel temps fait-il ici depuis plusieurs jours?

— Il fait bien chaud, monsieur.

— Nous allons demain à la *Mer de glace;* nous conseillez-vous d'emporter des caleçons?

— Pour quoi faire, monsieur?

— Pour prendre un bain, parbleu!

— Mais où ça, monsieur?

— Mais dans la mer...

Celui-là part d'un éclat de rire.

— Ha, ha! ...mande pardon. Hi, hi, hi., mais la *Mer de glace*, c'est bien une mer, si vous voulez, mais ça n'est pas comme la mer Méditerranée... hi, hi, hi... Et le voilà qui s'en va pouffant de rire, ayant l'air de dire : « Sont-ils bêtes, ceux-là! » Le fait est... mais je vous l'ai dit, ce diable de petit vin de champagne nous avait mis en joie, et nous trouvions ça amusant.

Enfin, nous nous levons de table, nous allons faire un tour dans Chamounix et nous rentrons nous coucher. Chose étrange, nous n'avions plus envie de dormir. Je prends le *Figaro*, que j'avais apporté de Paris, j'approche ma chandelle et je me mets à lire à haute voix.

— « Conservatoire. Prix de Rome... »

— 3 fr. 50, fait Anatole.

— Quoi, 3 fr. 50?

— Je croyais, dit Anatole, que tu demandais le prix du rhum.

— Imbécile! Je continue : « Après avoir essuyé durant quatre heures... »

— Il était donc bien sale! refait Anatole.

— Qui ça, sale?

— Eh bien, Durand. Tu dis qu'ils ont essuyé Durand quatre heures.

Là-dessus, je souffle ma chandelle et je fais tous mes efforts pour dormir. Impossible.

Une heure du matin sonnait à la vieille église, lorsque j'entends une voix caverneuse qui me dit :

— Dors-tu, Nicolas?

C'était Anatole. D'une voix non moins caverneuse, je réponds :

— Non, j'ai mal à la tête.

— Moi aussi.

— Dis donc, mais il va falloir nous lever tout à l'heure pour partir. Nous serons propres. Allons, tâchons de dormir.

Mon lit est défait. Je me lève, je le refais et je

m'y trouve un peu plus mal qu'auparavant. A la fin, cependant, je m'endors.

A six heures, on vient nous réveiller. Nous dormirions bien encore un peu, mais nous ne sommes pas venus ici pour nous reposer. Il faut partir. En marche !

VII

PAR MONTS ET PAR VAUX

A sept heures, nous étions au pied du *Montanvers*. Comme nous devions revenir le soir, nous n'avions pris que nos bâtons et nous avions laissé nos sacs à Chamounix.

La montée est raide et il fait une chaleur !

Suivant les instructions du *Guide*, nous montons lentement et à pas égaux. Au bout d'un quart d'heure, nous nous retournons, tout étonnés du chemin..., etc.

De temps en temps, nous nous asseyons sur les grosses pierres qui bordent le chemin. Voilà plus d'une heure que nous montons, et comme la montée ne demande que trois heures, nous devons être à près de la moitié de la route. Le soleil, qui est devenu notre ennemi acharné, nous envoie des rayons à enflammer le *Mont-Blanc*.

Si ça continue, nous arriverons complètement rissolés.

— Il fait soif, dit Anatole.

— Horriblement soif, dis-je à mon tour.

— Si nous buvions un coup!

— Bon! j'ai oublié ma gourde.

— Et moi aussi!

— Il ne manquait plus que ça.

— Tu es étonnant, toi ; tu ne penses à rien.

— Toi, tu penses à tout, excepté à ce qu'il faut.

— Heureusement, dit Anatole en ouvrant le *Guide,* que nous ne devons pas être loin de la fontaine nommée *Caillet*. Regarde, vois-tu quelque chose qui ressemble à une fontaine?

— Je ne vois absolument rien. Ah! si! Mais non! Tiens, qu'est-ce que c'est que cette boutique-là... *Vins, eaux-de-vie et liqueurs?*...

— Arrêtons-nous ici! s'écrie Anatole sur l'air du *Chalet;* l'aspect de...

— Si nous allions jusqu'à la fontaine! Comme elle se trouve à moitié du chemin, ça ferait une étape naturelle.

— Ah! ma foi, il fait trop soif.

— Alors... arrêtons-nous ici, reprends-je en fausset.

Une petite femme, qui nous voit venir, s'approche de nous, une bouteille dans une main et deux verres dans l'autre.

— Ces messieurs veulent-ils se rafraîchir?

— Voulez-vous avoir l'obligeance de nous dire d'abord si nous sommes bien loin de la fontaine nommée *Caillet*...

— Mais, messieurs, vous y êtes.

— Mais la fontaine?

— Là voilà.

Et en disant cela, elle nous avait menés derrière sa cabane. Nous cherchions toujours la fontaine.

— Vous n'avez pas compris; nous demandions où est la fontaine.

— Mais, la voilà!

— Ah! c'est ça? très bien!

Elle nous montrait une petite rigole en bois, dans laquelle coule un mince filet d'eau.

Nous qui nous attendions à voir une chose curieuse. Oh! méfiez-vous des *Guides*.

Après tout, ce n'est pas la faute à cette pauvre femme. Pour lui faire plaisir, nous nous désaltérons un peu au courant de cette onde pure, en y ajoutant un verre de kirsch pour nous donner des jambes.

Il est onze heures quand nous arrivons au haut du *Montanvers*.

En attendant que notre déjeuner soit prêt, nous regardons des vues dans un stéréoscope. Le stéréoscope, comme vous savez, donne une idée très exacte des choses. Jusqu'alors, nos excursions n'avaient rien présenté d'effrayant. Elles avaient été quelquefois dures, jamais vertigineuses. Ça allait commencer. Et les émotions de notre dernier voyage se dressaient dans ma mémoire.

Du *Montanvers* pour revenir à Chamounix, nous

avions à traverser la *Mer de glace*, le *Mauvais pas* et le *Chapeau*.

La première chose que je vois dans le stéréoscope, c'est le *Mauvais pas*. Effrayant! J'aperçois trois ou quatre bonshommes qui ont l'air d'être suspendus dans le vide, en se tenant à une corde attachée au roc. Au-dessous, c'est noir. L'abîme...

Et nous allons passer par là!

Cette idée-là ne m'effraye pas. Je tourne la manivelle du stéréoscope. La *Mer de glace* apparaît avec ses grandes crevasses.

Dire que le pied peut glisser et...!

On nous avertit que le déjeuner est prêt. Nous nous restaurons convenablement. Après le déjeuner, on nous apporte le grand livre de l'établissement. Les voyageurs qui passent par là y apposent leur nom orné d'une pensée quelconque.

Moi, je prends la plume, et j'inscris cette pensée profonde :

« La *mère* de glace est une anomalie dans la nature. »

— Je ne comprends pas, dit Anatole. Qu'est-ce que ça veut dire?

— Tu ne comprends pas! Réfléchis un peu.

— J'ai beau me plonger l'occiput dans les deux paumes, je ne comprends pas. Voyons, qu'est-ce que ça veut dire?

— Est-ce que je sais, moi?

Anatole inscrit son nom au-dessous du mien et l'accompagne de toute une histoire. Je ne me la rappelle pas au juste. Elle n'était pas très flatteuse pour moi, mais, c'est égal, si vous passez jamais par le *Montanvers*, je vous engage à lire ça. Et tenez, je vais vous dire la date, pour faciliter vos recherches. C'était le 9 juillet 1869.

Cela fait, nous allons nous asseoir en face des *Aiguilles vertes*, ainsi nommées sans doute parce qu'elles sont couvertes de neige. Tandis que je fais un petit somme, Anatole croque le *pic du Dru*. O le beau croquis! Je regrette de ne pas l'avoir sous la main et de ne pas pouvoir vous en donner un *fac-simile*. On voit la neige, on sent la glace. J'ai attrapé un rhume de cerveau en le regardant.

Il est trois heures. Filons! Il n'y a plus maintenant qu'à descendre et nous sommes reposés. Ça va aller tout seul.

A l'entrée de la *Mer de glace*, n'ayant qu'une confiance limitée dans notre guide habituel, — vous savez, l'imprévu, — nous en prenons un en chair et en os qui marche devant nous.

La réverbération du soleil sur la glace nous brûle les yeux. Nous abaissons notre voile bleu. Je ne m'appesantirai pas sur la description de la *Mer de glace*. Ce sont d'immenses blocs de glace, des crevasses profondes, des moraines grisâtres, le tout encaissé dans de hautes montagnes couvertes de neige, à travers lesquelles on trouve un passage jusqu'au dôme du *Mont-Blanc*.

Peut-être un jour irons-nous jusque-là !

Anatole prétend que le *Mont-Blanc* sera complètement fondu avant que j'arrive au sommet; ce qui veut dire que je ne suis pas près de faire cette excursion. Il faut vous dire que j'ai une réputation d'intrépidité assez généralement contestée. Et cela, parce qu'à notre dernier voyage, en allant de Grindelwald à la *Mer de glace*, après une nuit que la fatigue du jour avait illustrée d'affreux cauchemars, j'ai manqué de rester dans un certain petit sentier « qui côtoyait des abîmes immenses ».

Ceux qui n'ont jamais éprouvé cette sensation douloureuse du vertige en parlent à leur aise. On a le vertige comme on a la migraine et on ne peut pas plus se défendre de l'un que de l'autre. C'est une question de nerfs. Je ne dis pas cependant qu'on ne puisse s'habituer un peu au vide, mais quelque habitude que vous en ayez, il vous arrivera fort bien, après une nuit de mauvais sommeil, d'avoir le vertige.

Ce qui me prouve la justesse de ce raisonnement, c'est que cette année, je n'éprouve pas le moindre éblouissement. Je grimperais au haut des *Aiguilles rouges* — ainsi nommées sans doute parce qu'elles sont couvertes de neige — si on y grimpait.

Regardez-moi plutôt courir, côtoyant ces crevasses au fond desquelles on ne rencontrerait probablement pas une personne de connaissance.

La *Mer de glace* est traversée. Voici le *Mauvais pas*. Lisez-vous sur mes traits la moindre trace d'émotion? Non, n'est-ce pas? Et pourtant, le sentier est taillé en zigzag à même la paroi du rocher. Vous tenez d'une main, il est vrai, la barre de fer scellée au roc, mais de ce côté, voyez comme c'est profond. Prenez garde! ne faites pas un faux pas, ne lâchez pas la rampe, car ce chemin-là conduit à l'éternité...

Et je descendais souriant.

Au bas de la descente, Anatole s'arrêta et, se retournant vers moi :

— Nicolas, je suis content de toi! s'écria-t-il en accompagnant ses paroles d'un geste napoléonien.

— Bien, mon empereur! répondis-je.

Et les larmes me vinrent aux yeux.

Après cette petite scène qui avait attendri tous les spectateurs, y compris le guide et nous, — ce qui faisait trois en tout, — nous congédiâmes ce dernier et nous continuâmes notre route vers le *Chapeau*, où nous arrivâmes bientôt après.

Le *Chapeau* est tout simplement une cabane située à moitié... de la descente, dit Anatole, tandis que je dis, moi, de la montée. Nous allions nous fâcher, lorsqu'un monsieur qui se trouvait là nous mit d'accord en nous faisant remarquer que cela dépendait du point de départ. C'est juste.

Je ne sais toujours pas pourquoi ça s'appelle le *Chapeau*.

La *Mer de glace* descend dans la vallée. Nous aussi. A partir du *Chapeau*, l'aspect change. Les blocs de glace n'ont plus la blancheur et la transparence qu'ils avaient tout à l'heure. Ce ne sont plus maintenant que ce que nous autres, gens de la montagne, nous appelons des moraines, c'est-à-dire un affreux mélange d'eaux et de pierres noircies que l'hiver et le temps ont congelé en un tas immense.

Dans un de ces énormes tas, la nature, — ou les hommes, je ne sais, — a creusé une grotte dans laquelle on pénètre, une chandelle à la main. On se croirait dans un souterrain si, de temps en temps, on ne sentait une goutte glacée vous tomber de la voûte sur le nez. Je préfère la grotte de glace de Grindelwald. Elle est mieux éclairée et le jour fait ressortir davantage la transparence bleuâtre des parois.

De là, nous allons aux sources de l'Arveyron. Sous ces immenses blocs, on voit sortir une eau sale et jaunâtre qui, d'abord étendue, se resserre ensuite et forme le cours d'une rivière dont l'eau glacée rafraîchit singulièrement l'atmosphère. L'eau en est si froide, qu'y ayant plongé la main pour m'ablutionner, mes articulations engourdies sont restées plus de dix minutes sans pouvoir fonctionner.

A part cela, les sources de l'Arveyron n'offrent rien de curieux, et c'est une mauvaise plaisanterie que de déranger les gens pour les leur faire visiter.

Mais voici le jour qui baisse. Il est temps de songer à rentrer. Notre excursion nous a fait faire un circuit qui nous ramène presque à notre point de départ, c'est-à-dire tout près de Chamounix. Cependant nous faisons encore une petite halte sur notre chemin pour prendre une tasse de lait, de ce bon lait de montagne, pur et sans mélange, dont le lait des fruitières parisiennes ne peut donner qu'une idée approximative, et je dirai plus, très lointaine.

Nous rentrons à l'hôtel à 8 heures. C'est l'heure de dîner.

— Ces messieurs veulent-ils manger un peu de viande? nous demande le maître d'hôtel.

— Nous aimerions autant autre chose.

Alors prenant un air confit :

— Vous savez, messieurs, nous dit-il, que dans le cas où vous ne voudriez pas manger de viande parce que c'est aujourd'hui vendredi, nous avons une dispense pour tous les voyageurs.

voyageurs. Et Dieu sait s'il en passe! La route est très animée. On dirait une caravane d'émigrants.

Derrière les voitures pleines de voyageurs, viennent d'autres voitures chargées de malles, de sacs, de bâtons. Derrière encore, c'est une mule sur laquelle est assise une dame, et qui porte en croupe des manteaux, des cannes, des parapluies, une foule de bagages sous lesquels elle disparaît. Un guide conduit la mule par la bride et un monsieur chemine à côté, son grand bâton à la main.

Plus loin, quelques touristes convaincus, à l'air frais, dispos, coiffés de chapeaux aux formes les plus étranges, s'avancent d'un bon pas et en chantant :

Amis, la matinée est belle!...

Nous arrivons ainsi à Argentières. Là, nous faisons emplir nos gourdes de kirsch chez le père Simon, un vieux guide, qui nous souhaite un bon voyage. et, « bâton en main et sac au dos », nous commençons à monter.

Suivant les instructions du *guide*, nous montons « lentement et à pas égaux..., etc. »

Nous laissons le chemin du *col de Balme* sur notre droite et, avant de nous engager entre ces deux montagnes qui se resserrent de plus en plus, nous nous retournons pour jeter un dernier regard derrière nous.

Avec leurs grands sommets, leurs glaces éternelles,
Par un soleil d'été, que les Alpes sont belles!
Tout dans leurs frais vallons sert à vous enchanter :
La verdure, les eaux, les bois, les fleurs nouvelles.
Heureux qui sur ces bords peut longtemps s'arrêter!...

Quelques instants après, nous nous trouvions enveloppés presque complètement par ces hautes montagnes vertes qui ne laissent de solution de continuité que juste pour nous permettre d'apercevoir la chaîne du *Mont-Blanc*.

Quel beau spectacle! La plume et le pinceau n'en donnent qu'une idée toujours imparfaite. Il faut avoir vu. Je plains les gens qui, en face des grandes choses de la nature, restent froids. Ces sensations-là sont des bonheurs dans la vie. On sourit de pitié en songeant que quelques jours auparavant on s'extasiait devant un tableau de six pieds carrés et qu'on se pâmait d'admiration devant le marbre d'un artiste célèbre. Les villes avec leurs monuments superbes, les arts avec leurs chefs-d'œuvre, tout pâlit et s'efface.

Le grand artiste, le voilà!

Nous avançons. Nous sommes seuls, à cent mille lieues du monde, seuls au milieu de cet océan de pyramides vertes d'où je ne sais combien de siècles nous contemplent. Nous courons, nous sautons, nous chantons à tue-tête. L'air nous enivre. Elles doivent nous prendre pour des fous, ces braves paysannes que nous rencontrons à l'approche d'un petit village qui se trouve sur notre route.

— Bah! elles ne nous voient pas, dit Anatole.

En effet, elles portent sur la tête de grosses charges d'herbes qui retombent tout autour d'elles et leur cachent le visage.

Sur le bord d'un chemin, nous apercevons une jolie petite fille.

— Veux-tu nous embrasser, ma petite?

— Je veux bien.

Et elle nous embrasse de la meilleure grâce du monde.

Nous lui... J'oubliais de vous dire que cette jeune fille avait tout au plus cinq ans... Nous lui donnons une pièce de dix sous, et la voilà, battant des mains, qui s'en va montrer sa petite pièce blanche à sa mère, qui arrache des herbes à quelques pas de là. O puissance de l'argent! Si jeune encore et dans un pays où il semble qu'on vivrait d'air, tant il est pur, cette enfant sait déjà la valeur de ce que nous lui donnons.

C'est surtout en Suisse qu'on peut dire avec raison : *Natura diverso gaudet,* et non pas : « Nature a dit : Verse au godet, » comme traduisent certains mauvais plaisants. Tout à l'heure, nous avions devant nous le dôme majestueux du *Mont-Blanc*, les pics géants du *Dru*, des *Aiguilles*, les immenses glaciers, cette nature grandiose auprès de laquelle l'homme paraît si petit et auprès de laquelle il est en réalité si grand, car il domine de toute la hauteur de son intelligence et de sa pensée ces masses muettes et inertes qui ne sont que la matière sans la vie.

Maintenant la scène a changé. L'horizon s'est rapproché et la vallée est riante. Le bruit de la cascade dans le silence de la vallée, ces torrents d'écume blanche qui se glissent sous les grands arbres, ces petits ponts de bois jetés çà et là, ces rochers couverts d'une mousse dorée, ces éclaircies qui, de place en place, laissent voir le ciel bleu, ces rayons de soleil qui tremblent dans les branches; enfin ces mille choses qui jettent leur poésie dans l'air, qui dilatent les poumons et le cerveau, et font qu'on est si bien là qu'on voudrait y rester...

— Encore cinq minutes, dit Anatole.

— La vie entière.

— Sans manger !

— Profane ! *Odi profanum*...

C'est qu'il commence à faire faim, et la poésie à jeun, ça ne donne pas des jambes.

Nous laissons la cascade de la *Barberine* sur notre gauche et dans quelques minutes nous serons à l'auberge du *Chatelard*, où nous nous promettons un copieux déjeuner.

Avant d'arriver à l'auberge, nous traversons un

pont jeté sur une petite rivière. Au milieu du pont passe la frontière. Pendant un instant, nous restons à califourchon sur la France et la Suisse. Entre nos jambes est une frontière.

Une frontière ! ce mot nous fait rêver.

De chaque côté de nous, le sol a la même couleur, l'air n'est ni plus ni moins pur. Aux arbres poussent les mêmes feuilles et le même soleil répand sa lumière.

— O monstruosité ! ô étroitesse de l'esprit humain ! cette ligne impalpable, invisible...

— Tais-toi, dit Anatole, on pourrait t'entendre.

— Quand donc verra-t-on ?...

— Assez, te dis-je.

— Voir ça et mourir ! m'écriai-je avec enthousiasme.

— Déjeuner et voir ça ! fait Anatole sur le même ton.

Tout en faisant ces réflexions, nous arrivons à l'auberge du *Chatelard*. Là, on nous sert à déjeuner. Nous attendons trois quarts d'heure entre chaque plat, ce qui nous donne le temps de vider plusieurs bouteilles de petit vin blanc et de manger tout le pain de l'établissement, au grand désespoir d'une famille française qui dîne à une table voisine et qui est composée du père, de la mère et de trois enfants joufflus. Ces braves gens n'ont pas plus l'air de touristes que nous de Grands-Turcs.

Après déjeuner, nous allons nous étendre dans un petit bois situé tout près de l'auberge. Nous allumons chacun un cigare. Anatole prend ses crayons et son album; moi, je me recueille. Une heure après, je rouvre les yeux. Je m'étais recueilli profondément, suivant mon habitude, et je crois qu'Anatole en avait fait autant.

Il me fait bien voir, à la vérité, un croquis tracé sur son album, mais j'ai beau regarder autour de nous, je ne vois rien qui ressemble à ça. Je m'évertue à lui démontrer que c'est un croquis ancien qu'il veut faire servir pour la circonstance, mais la discussion cesse bientôt. Il fait si chaud !...

Nous partons. Il est 2 heures. C'est le moment du jour où la chaleur est la plus forte. Il est incontestable qu'on serait mieux, couché à l'ombre, que de grimper

> Par ces chemins montants, cailloutcux, malaisés
> Et, de tous les côtés, au soleil exposés.

Mais il faut que nous arrivions àMartigny d'assez bonne heure pour pouvoir aller coucher à Sierre. Allons !

Voilà deux heures que nous marchons. Tout à coup nous arrivons à une bifurcation. Deux chemins s'offrent à notre vue. Lequel prendre ? Anatole penche pour l'un, je penche naturellement pour l'autre, et, à l'appui de notre raisonnement, nous présentons chacun les probabilités qui militent en faveur de notre choix.

Cependant les deux chemins s'en vont de deux côtés très opposés, et tout porte à croire qu'un seul est le bon. Aussi loin que notre vue peut s'étendre, la montagne est aride, l'herbe est sèche, et quelques petits sapins maigres et rabougris végètent les uns loin des autres.

Et puis la nuit viendra ! Il faudra donc coucher à la belle étoile ! Et le souper ! Et le temps perdu ! Comment faire ? Pas un être vivant à qui demander des renseignements.

Nous prenons une grande détermination. Nous nous étendons sur l'herbe et nous attendons qu'il passe quelqu'un. Personne ne passant, nous nous levons, et, après quelques amères réflexions, nous marchons à la remorque de notre guide... vous savez, l'imprévu... qui venait de nous retrouver et qui nous fait faire à l'aventure, suivant son habitude, une grande heure de chemin.

Tout à coup, nous entendons des chants confus et lointains. Nous nous arrêtons. Nous ne voyons rien. Mais voilà que derrière une colline apparaissent deux têtes, trois têtes, dix têtes, vingt têtes, toute une bande de paysans. C'est le ciel qui nous les envoie.

— Pourriez-vous nous dire, braves gens, si nous suivons bien le chemin qui mène à Martigny?

— Pas précisément, nous répond un grand gars à l'allure élancée, vous lui tournez le dos.

— Alors nous vous serions bien obligés de nous indiquer la route.

— Dame, si vous voulez nous suivre, nous allons dans la vallée de Trient, nous vous remettrons dans votre chemin.

— Nous ne demandons pas mieux.

Et nous voilà bientôt cheminant tous ensemble. Ces gaillards-là marchent d'un rude pas. Heureusement, depuis un instant, nous descendons et nous pouvons les suivre. La vigueur de nos jarrets les émerveille, surtout quand ils apprennent que nous sommes partis depuis le matin de Chamounix.

Chemin faisant, ils nous racontent qu'ils viennent de conduire leurs troupeaux dans la montagne. Ils les laissent là tout l'été sous la garde d'un pâtre, et, à l'approche de l'hiver, ils retournent les chercher.

De temps en temps, nous nous arrêtons pour admirer le paysage, car la vallée est vraiment superbe. Nos compagnons ne comprennent rien à nos extases. Aussi, quand nous leur disons qu'ils doivent être bien heureux d'habiter un si beau pays, et que, l'hiver surtout, ils doivent avoir des effets de neige splendides, ils nous répondent qu'ils voudraient bien nous y voir, qu'ils ne pensent pas que nous nous amuserions beaucoup dans leurs cabanes, d'où la neige les empêche de sortir pendant trois mois de l'année, et où ils se trouvent parfois engloutis sous les avalanches.

Ils ont peut-être raison.

A travers ces chemins qui zigzaguent d'une manière insensée, nous rencontrons plusieurs petits villages, dans lesquels nous laissons une partie de notre bande.

En face de nous, sur la montagne dont la vallée nous sépare, se trouve le passage de la *Tête-Noire*, qui conduit également à Martigny. Nous aurions dû prendre ce chemin, qui est beaucoup plus fréquenté, mais d'après les renseignements qu'on nous a donnés, — et nous n'en sommes pas fâchés — nous avons préféré prendre la route des *Salvans*.

Anatole prétend qu'on est beaucoup plus libre par ici, et il en profite pour se livrer de temps en temps à des plaisanteries d'un goût douteux.

Il est 6 heures et nous marchons sur le pied d'au moins 6 kilomètres à l'heure. Nous arrivons bientôt au bas de la montagne. Nous nous arrêtons un instant au village des Salvans, et là nous offrons à boire aux paysans, les derniers de la bande, qui vont nous quitter. Nous leur devons bien cela, moi surtout, car depuis deux heures, ces braves gens me portent mon sac. J'avais d'abord fait quelques manières, mais ils avaient insisté avec tant d'obligeance, et il faisait si chaud, que, ma foi, je leur avais fait l'honneur d'accepter leur offre. Je ne suis pas très fier, comme vous voyez.

Enfin, à 7 heures, de zigzags en zigzags, nous arrivions dans la vallée du Rhône, et Martigny n'était plus qu'à deux lieues de là.

On nous signale les gorges de *Trient*; situées à une très petite distance de l'endroit où nous nous trouvons. Nous allons les visiter.

Très étrange ! Très intéressant ! Je voudrais pouvoir vous en donner une idée.

Figurez-vous deux murailles de roc à pic, d'une hauteur d'environ 80 à 100 mètres et à une distance l'une de l'autre d'à peu près 3 ou 4 mètres. Au fond, un torrent. Cela forme un grand couloir gris et sombre qui s'étend en replis tortueux sur une longueur de plus de 100 mètres. Le long de la paroi du rocher, on a appliqué une balustrade en bois, qui en suit les contours, traverse de place en place (ce qui constitue alors un pont), et va jusqu'à l'extrémité de la gorge, où l'on se trouve en face d'une cascade qui se précipite du haut de la montagne et devient ce torrent qui coule en grondant à travers les sinuosités du couloir.

Jamais le soleil n'a pénétré dans cette profondeur où il fait frais et triste. On voit parfois des arbres entiers, emportés par le torrent, descendre avec fracas du haut de la cascade, se briser et rouler jusqu'au fond.

C'est effrayant, en vérité !

La cascade de *Pissevache* mérite aussi une mention honorable, mais il se fait tard et nous ne l'admirons que de loin.

Nous commençons à être fatigués. Pour ma part, je regrette amèrement ces braves paysans qui nous tenaient compagnie... et qui me portaient mon sac. Anatole, qui est grand et fort, m'en débarrasse et le juche sur le sien. Nous voilà partis.

En chemin, nous rencontrons une jeune fille et un jeune garçon. Je m'approche de ce dernier pour lui demander ce que nous avons encore de chemin à faire. Il me répond par un ricanement horrible. C'est un crétin. Dieu ! quelle épouvantable chose ! C'était le troisième que nous rencontrions. Je ne sais rien de plus triste, de plus navrant à voir, c'est à faire pleurer. On se sent pris à la fois de compassion et d'horreur, de pitié et de dégoût. Le crétin tient le milieu entre l'homme et la bête. Je dirais même plus volontiers que la bête tient le milieu entre le crétin et l'homme. Cette espèce d'individus n'est pas rare dans le Valais.

La veille, nous avions rencontré un idiot, — c'est épouvantable aussi, mais c'est moins effrayant. J'avais même trouvé que celui-là avait quelque chose d'Anatole. Il est vrai qu'Anatole m'a confessé depuis avoir eu la même pensée à mon égard.

Vers 8 heures, nous arrivions à Martigny.

Nous rassemblons toutes nos forces pour faire une entrée convenable. Personne n'a l'air de se douter que nous avons fait quatorze lieues à pied.

A peine arrivé à l'hôtel, mes forces m'abandonnent. Je m'étends sur un banc et je m'endors.

Cependant notre journée n'est pas finie. Ne voulant pas perdre de temps inutilement, nous décidons que nous irons coucher à Sierre. Nous demandons à souper. Moi, je ne mange pas, mais je bois, par exemple. Anatole prétend que j'en prends l'habitude. J'espère que je la perdrai.

Après avoir repris différentes petites choses que nous avions laissées là, avant de partir pour Chamounix, nous nous dirigeons vers la gare, car vous pensez bien que ce n'était pas à pied que nous avions l'intention d'aller à Sierre.

Nous arrivons une demi-heure avant le passage du train. Je m'asseois sur des bagages et... je m'endors.

Le bruit du train qui arrive me réveille et nous montons en wagon. Je m'étends de tout mon long sur la banquette et... je m'endors.

A onze heures, Anatole m'applique un vigoureux coup de poing sur la partie que Turenne avait sensible. Je me réveille en *cerceau*. Nous sommes à Sierre.

L'hôtel où nous voulons nous arrêter se trouve un peu loin de la gare. Nous allons et, en marchant... je m'endors.

Mes jambes n'ont plus la force de soutenir le poids de mon corps. Je marche, courbé en deux, traînant derrière moi mon bâton, dont la pointe en fer crie sur les pavés. Ma couverture traîne à terre. Et la brise de la nuit qui gonfle le bavolet de ma casquette la rejette sur le derrière de ma tête, toute prête à tomber. La nuit sombre, heureusement, dissimule notre arrivée, qui n'a rien de triomphal.

Cependant, à moitié route, nous rencontrons quelques individus.

— L'hôtel *Bauer*, leur dis-je d'une voix faible, est-ce encore loin d'ici?

— Vous en avez encore pour cinq minutes, au moins,—répondent-ils d'un ton qui signifie : « Mais, mon pauvre monsieur, vous n'irez jamais jusque-là! »

Enfin, nous arrivons tout de même. Nous recommandons qu'on nous réveille le lendemain matin à cinq heures et demie pour prendre la diligence de Louèche, puis nous montons dans notre chambre. Je me jette sur mon lit et... je dors.

Ce maudit lit est habité par tout un monde de puces, de cousins, de je ne sais quoi. Je me réveille au milieu de la nuit en proie à des démangeaisons féroces. Je me gratte, ça me cuit.

A la fin je me rendors.

IX

DE MARTIGNY A LOUÈCHE

Je me réveille. Il fait grand jour. J'entends du bruit devant la porte de l'hôtel; c'est le fouet du postillon. Je mets le nez à la fenêtre. La diligence va partir. Je suis furieux, et le dialogue suivant s'établit entre ma fenêtre et la diligence.

— Ah çà ! est-ce que vous allez partir sans nous ?

— Mais, monsieur, il est six heures ; nous sommes déjà un peu en retard.

— Pourquoi ne nous avez-vous pas réveillés ?

— Mais...

— Puisque nous vous avions dit de nous réveiller.

— Mais...

— Il fallait nous réveiller.

— Mais...

— Il faut envoyer chercher un sergent de ville, dit Anatole, encore à moitié endormi.

Un sergent de ville, à Sierre !

— Enfin, si vous voulez bien vous dépêcher, messieurs, on vous attendra, dit le conducteur qui comprend ses torts.

— Ces gens sont stupides, dit Anatole qui achève de se réveiller lentement. D'abord, ils partent de trop bonne heure. On n'y voit pas clair.

— Surtout quand on n'a pas les yeux ouverts.

— Habillons-nous tranquillement, Nicolas.

— Je ne sais pas ce que se disent les voyageurs qui sont déjà dans la voiture depuis une demi-heure, mais ils n'ont pas l'air d'être contents.

— Maintenant, il faut déjeuner, dit Anatole.

— Quand ces messieurs seront prêts? demande le conducteur.

— Dans un instant.

La servante de l'hôtel ne vient pas. Le café est trop chaud. Il faut régler nos comptes.

— Quand ces messieurs seront prêts? dit le conducteur pour la troisième fois; les voyageurs commencent à crier.

— Allons, Anatole! le peuple murmure.

Enfin, nous montons dans la patache, au milieu des voyageurs qui nous lancent des yeux! puis les chevaux se mettent en marche au petit trop et nous suivons la vallée du Rhône, jusqu'à ce que nous arrivions au pied d'une haute montagne.

Ça n'allait déjà pas bien vite, mais là, ça meurt. La route monte en se repliant sur elle-même, de sorte qu'on revient toujours au même point de vue.

Les pauvres bêtes qui nous traînent paraissent en avoir déjà assez; elles allongent le cou, reçoivent quelques coups de fouet et n'en vont pas plus vite pour ça.

Je ne crois pas que nous rattrapions le temps perdu. .

Et nous avons quatre heures de montée avant d'arriver à Louèche-les-Bains !

A mi-côte, nous trouvons Louèche-la-Ville. C'est aujourd'hui dimanche. Les cloches sonnent à grande volée, c'est l'heure de la messe. Nous passons près de l'église.

> Et de leur temple saint, qui n'est pas magnifique,
> Les paysans en foule inondent le portique....

Les hommes ont des gilets rouges, et les femmes des bonnets de juge dorés sur tranche. Toute la population s'ameute et nous regarde comme des bêtes curieuses. Toutes les fois que la diligence passe, c'est la même chose. Quand c'est le dimanche, les enfants de chœur sortent de l'église en soutane rouge, et la messe commence un peu plus tard. Il me semble même que j'ai aperçu le nez du brave curé qui regardait par la porte entr'ouverte de la sacristie.

De l'autre côté de Louèche, la vallée devient très étroite, et, à certain endroit, nous trouvons un pont jeté à une hauteur prodigieuse, lequel relie les deux montagnes. Nous traversons ce pont au galop.

De chaque côté de ce pont, il doit y avoir un parapet; mais de l'intérieur de la voiture on ne le voit pas. On n'aperçoit devant et derrière soi que la vallée profonde, et on se représente pour un instant Blondin traversant les chutes du Niagara sur la corde raide. Je veux bien admettre, toutefois, que la comparaison est exagérée.

A partir de ce pont, la route, jusqu'à Louèche, devient de plus en plus pittoresque. Je ne vous en ferai pas la description. Il y a des choses dont on ne se rend jamais bien compte, même avec les descriptions les mieux faites. Mais, du moment où je vous dis que c'est très pittoresque, c'est que c'est très pittoresque.

Voici Louèche, drôle de petit pays, Louèche-les-Bains, ainsi nommé,—vous ne vous en seriez peut-être jamais douté, — à cause de plusieurs grands établissements de bains où l'on soigne particulièrement les affections cutanées. Les eaux, paraît-il, ont une efficacité remarquable, mais pour profiter de cette efficacité, il faut passer huit heures par jour dans le bain : quatre heures le matin, quatre heures l'après-midi.

Pour le plus grand agrément des baigneurs qui auraient du temps de reste pour s'ennuyer, on a établi de grandes piscines où les sexes sont agréablement mêlés, et, pour charmer leurs loisirs, on leur attache autour du cou de petites tables en liège, sur lesquelles ils peuvent lire, jouer aux cartes, boire et manger.

C'est très amusant et nous mourions d'envie d'entrer dans la piscine ; malheureusement, il faut une autorisation préalable du médecin de l'établissement, et comme il n'était pas là, nous nous sommes contentés d'un bain ordinaire.

L'après-midi, nous sommes allés aux *Échelles*. C'est une des curiosités du pays. Louèche est presque complètement entouré de hautes montagnes à pic, et comme il n'y a pas de chemins possibles à moins de faire un grand contour, les habitants des villages voisins ont imaginé d'appliquer sur le roc de longues échelles posées tout à fait verticalement Un échelon qui casserait vous enverrait là-bas, tout au fond, car les échelles commencent déjà bien haut dans la vallée.

Et pourtant il faut voir les paysans descendre par là, avec des œufs, du beurre, du fromage, des charges quelquefois très lourdes. Ils descendent en courant, comme s'ils suivaient un chemin de grande communication. C'est véritablement curieux, et si jamais vous passez à Louèche, je vous engage à aller voir cela. Vous me direz si c'est bien exact, car il faut vous dire que je n'ai vu descendre personne tandis que nous étions là.

Il y a huit échelles superposées, les unes complètement droites, les autres légèrement, mais très légèrement inclinées. Nous en avons monté trois, et comme c'est toujours la même chose (à part que c'est plus haut), nous les avons redescendues...

En face de notre hôtel, se dresse la sombre *Gemmi*. La chaîne de la *Gemmi* est une longue continuité d'immenses rocs grisâtres et sans végétation. De l'endroit où nous sommes, on se demande où est le chemin qui conduit tout en haut, au point où l'on arrive et qu'on nous indique du doigt. On dirait une immense falaise et, à première vue, on se figure qu'on ne pourra y arriver qu'avec des griffes ou des ailes.

Dire que demain nous serons là-haut!...

Aujourd'hui, nous nous reposons. D'ailleurs, c'est dimanche. Nous faisons un petit tour dans Louèche, où nous nous promenons au pas, attendu que « il est défendu de trotter dans les rues sous peine de 2 fr. 90 d'amende! (*sic*) » et nous rentrons dîner à l'hôtel.

Après dîner, nous venons fumer un cigare en face de la sombre *Gemmi*. Nous trouvons là un guide avec lequel nous combinons notre excursion du lendemain.

Nous partirons à pied à quatre heures et demie et nous irons jusqu'à Kandersteg, où nous devons arriver vers midi. Là, notre guide nous trouvera une voiture qui nous conduira à Spietz, où nous prendrons le bateau du lac de Thoune jusqu'à Interlaken, d'où nous repartirons immédiatement par le bateau du lac de Brienz pour aller coucher au *Giesbach.*

Je vous prie de remarquer toute l'ingéniosité de cette combinaison.

Sur un banc, près de nous, sont assis un monsieur et ses trois fils ; nous faisons connaissance avec eux et nous apprenons que ce sont des Américains qui habitent Genève. Les deux plus jeunes fils s'en vont finir leurs études en Allemagne, et le père les y conduit à travers la Suisse.

Ils doivent aussi passer la *Gemmi* le lendemain, mais comme ils n'ont pas l'intention d'aller coucher aussi loin que nous, ils partirent plus tard. Nous le regrettons, car ces Américains sons charmants et nous aimerions faire route avec eux. Les jeunes gens, je crois, ne demanderaient pas mieux non plus, mais le père a dit qu'on partirait à 6 heures, et il paraît jouir d'une certaine autorité tempérée, du reste, par une grande et réciproque affection.

Après une assez longue causerie, nous nous souhaitons réciproquement le bonsoir et nous nous séparons. Il n'est pas tard, mais nous voulons nous coucher de bonne heure, car il faut partir le lendemain de grand matin.

X.

LA GEMMI

Tout dormait encore profondément dans l'hôtel que nos gros souliers résonnaient déjà dans les corridors. — Je ferai faire ma photographie avec mes gros souliers.

Nous voudrions pourtant manger un peu avant de partir, mais les gens de l'hôtel ne sont pas encore levés. Nous entrons dans la grande salle à manger. Les volets ne sont pas encore ouverts et il n'y fait de jour que celui qui entre par les jointures. Les chaises sont sur les tables, enchevêtrées les unes dans les autres, «et sur un vieux bahut vaguement étincellent » les verres qui s'égouttent, le pied en l'air. Au bruit que nous faisons, une jeune servante arrive dans un négligé qui ne lui sied qu'à moitié. Elle ouvre un volet et finit par nous servir quelque chose.

Nous emplissons nos gourdes, nous endossons nos sacs, nous prenons nos bâtons, et en avant, marche!

La *Gemmi*, qui paraissait si près de nous, en est encore bien loin. Nous nous évertuons jusqu'au pied à chercher le chemin que nous allons prendre. Impossible de rien voir. De temps en temps, une ligne blanche, tracée horizontalement dans le roc, semble indiquer un passage.

Ça n'a rien de rassurant.

Notre guide, probablement pour nous donner un peu de courage et d'espoir, tout en montant nous raconte des histoires d'accidents.

— Tiens, il n'y a pas encore bien longtemps, nous dit-il, qu'une dame et son cheval ont été précipités de l'endroit que vous voyez.

— Une imprudence de la dame, sans doute?

— Non, tout simplement un faux pas du cheval.

— Ils ont roulé tous deux jusqu'à cette pierre que vous apercevez là, en bas.

— Et qu'est devenue la dame? A-t-on pu la sauver?

— Ah! bien oui! on n'en a pu retrouver que des morceaux, et du cheval aussi. On ne distinguait plus à qui appartenaient les morceaux.

— Dites donc, savez-vous, excellent guide, que vous n'êtes pas encourageant, vous?

— Ah! dame! monsieur, il faut faire attention; ainsi là, tenez, vous allez trop près du bord.

— Soyez tranquille, j'y fais attention.

— Bon, mais c'est que... Prenez garde, monsieur, le chemin n'est pas sûr.

— Soyez tranquille, vous dis-je, j'ai la tête et le pied sûrs, moi.

— Oh! prenez garde, monsieur, mais prenez garde!

— Mais laissez-moi donc. Après tout, si je fais le saut périlleux, ce sont mes os à moi qui en souffriront.

— Oh! monsieur, ce n'est pas tant pour ça; mais je ne trouverais plus personne à conduire.

« Ce n'est pas tant pour ça » est assez joli. Que vous vous cassiez les reins, ça lui est bien égal, au guide; mais ça nuirait à son petit commerce.

— Merci, bon guide.

Nous voilà à peu près au milieu de la montée. L'horizon commence à s'étendre. La vue tout à l'heure devra être magnifique. Le roc surplombe le petit chemin que nous suivons; c'est ce qu'on appelle, je crois, la *Grande-Galerie*. A côté de nous, le roc forme une immense gorge, et dans cette gorge dont l'aspect est très sauvage, nous apercevons un trou pratiqué dans la paroi.

— C'est un nid d'aigle, ce trou? demandons-nous.

— Non, répond le guide, c'est un ancien ermitage.

— C'est une plaisanterie. Qui a jamais pu habiter là?

— Un ermite, monsieur. Tout le monde vous le dira.

— Un ermite qui volait, alors?

— Non, monsieur, c'était un très honnête homme. Il était connu dans le pays.

Je crus un instant que le guide avait voulu faire un mot. Je le regardai, mais son air bête me rassura.

— Je veux dire qu'il avait des ailes, car je ne vois pas le moyen de pénétrer dans ce trou autrement qu'avec des ailes.

— Mon Dieu, monsieur, moi, je ne sais pas; vous savez, on m'a dit ça.

— Et vous le répétez, en bon guide que vous êtes!

— Oui, monsieur.

— Ce guide est absolument bête, me dit Anatole.

Nous continuons notre route.

> Lorsque péniblement, de montagne en montagne,
> On a gravi, rampant à demi sur les mains,
> Et qu'on n'espère plus trouver de pas humains,
> Il arrive souvent qu'une verte campagne,
> Dans les Alpes perdue, apparaît tout à coup ..

En effet, voici une prairie toute émaillée de fleurs. Voici une source murmurante. Ah! c'est charmant. Qui se serait attendu à trouver cela au milieu de la sombre *Gemmi*.

Nous nous étendons un instant sur un tertre

couvert de gazon, et, le ventre au soleil, nous regardons voluptueusement la fumée de notre pipe monter en spirale dans le ciel bleu. L'air qu'on respire est délicieux.

Quand nous nous sommes bien reposés, nous nous relevons et, en nous en allant, nous cueillons de jolies petites fleurs. J'en ai retrouvé deux, ce matin, dans mon livre de notes : un *vergiss mein nicht* et un *eidelweiss*. — Comment dites-vous ça? voyons, repétez un peu. — Elles on conservé leur parfum. Douce odeur du souvenir!

Nous continuons. La montée est raide, mais je ne veux pas en exagérer la difficulté; cela pourrait vous empêcher de faire cette excursion, qui est très intéressante. Aux endroits où la route est le plus étroite, elle a encore 1 mètre de large. Suivant nos principes, nous marchons lentement et à pas égaux, etc., etc.

L'horizon s'étend de plus en plus, et la vue serait splendide sans une légère brume dont le voile obscurcit le lointain. Cependant là-bas, tout là-bas, on distingue bien le *Mont-Blanc*, le *Mont-Cervin*, les *Aiguilles* et une foule d'autres pics dont notre guide nous a dit les noms que je ne me rappelle plus. Plus rapprochée, on aperçoit la vallée du Rhône, que nous avons traversée hier pour venir de Sierre à Louèche; puis, dans le bas, Louèche, avec ses maisons rangées en ligne. Au milieu de ces montagnes, qui l'encaissent comme dans une boîte, on dirait un de ces petits villages en bois qui servent de jouet aux enfants.

De place en place, le long de la montée on aperçoit de petites choses noires qui remuent.

— Regarde donc, dit Anatole, on dirait des mouches qui grimpent après un pain de sucre.

— Qu'est-ce que c'est que ça?

— Ce sont des voyageurs qui s'avancent, ...geurs qui s'avancent, ...geurs qui s'avancent, se met à chanter Anatole.

En effet, en voici qui sont tout près de nous.

— Tiens, ce sont nos Américains. Ah! tant mieux.

— Enchantés de vous rencontrer.

— Nous vous attendions, dit Anatole, en faisant un grand salut.

Nous sommes en haut. La voilà donc montée, cette sombre *Gemmi*. Nous nous asseyons dans une cabane isolée qui se trouve probablement là pour servir de refuge aux voyageurs quand la saison est moins bonne.

Nous admirons en chœur, et ce tribut payé à la grande nature, la petite caravane se remet en marche.

Là-haut le paysage n'a rien de gai. Nous marchons à travers les roches. Un grand glacier s'étend sur notre droite et nous côtoyons le lac de la *Dauben*, qui paraît tout étonné et tout triste de se trouver là.

Ce pauvre malheureux lac a l'air gelé. Ce n'est plus de ces lacs aux rives verdoyantes, à l'eau bleue et limpide où se reflètent les coteaux fleuris avec leurs blanches maisonnettes. C'est une eau sale où se reflètent les roches grises. Les bords sont caillouteux; pas un brin d'herbe.

Si vous voulez en finir avec l'existence, c'est là qu'il faut aller demander à la mort un dernier abri.

XI

DE KANDERSTEG A INTERLAKEN

A l'extrémité du lac nous trouvons Schwarenbach, petit village qui se compose d'une cabane et de deux habitants, sans compter les bêtes. L'hiver, tout ce monde-là descend dans la vallée, et la cabane reste seule, ensevelie sous la neige.

Nous rencontrons là une fille jolie comme un amour sous son costume de Suissesse, et nous lui demandons une tasse de lait, que nous trouvons délicieux. C'est tout.

Le lait ne donne pas de jambes, nous le savons bien; mais nous n'avons plus qu'à descendre jusqu'à Kandersteg, où nous prendrons une voiture.

La descente nous pousse et nous allons bon pas. Bientôt nous retrouvons la verdure, les arbres, la prairie avec ses troupeaux; puis nous traversons des bois.

Dans le bas, nous apercevons Kandersteg à vol d'oiseau; ce n'est pas loin, mais la montagne est très escarpée et, pour tracer un chemin possible, il a fallu faire des contours, des replis, des sinuosités qui rendent la route praticable, mais très longue. A travers les branches on aperçoit au-dessous de soi le chemin qu'on suit, et il semble qu'en coupant court on va arriver tout de suite.

— Voulez-vous en faire l'expérience? dit Anatole à Pierre, l'aîné des jeunes Américains.

— Je veux bien, dit celui-ci. Messieurs, nous allons commander le déjeuner.

— A merveille, dit le père. Les premiers arrivés le commanderont, les derniers le payeront.

— C'est entendu.

Et les voilà partis à travers bois.

— Laissez-les faire, nous dit le père en riant. Je connais le chemin.

De temps en temps nous poussons des cris auxquels ils répondent. Mais voilà que nous ne les entendons plus. Où donc sont-ils passés ?

— Pourvu qu'ils ne se soient pas égarés !

— Pourvu qu'ils ne soient pas dégringolés dans un précipice !

Nous poussons de nouveaux cris. Personne ne répond.

— Diable ! ça commence à devenir inquiétant.

Nous, nous descendions toujours et nous n'étions plus loin de l'auberge, lorsqu'en détournant la tête nous apercevons nos deux malins qui descendaient tout bêtement par le chemin, derrière nous.

— Ce qui prouve, dit le père, que le plus court chemin d'un point à un autre n'est pas toujours la ligne droite.

— Ils vont nous rattraper, dit le jeune Henri, courons.

Et nous nous mettons à courir jusqu'à l'auberge, où nous arrivons tout essoufflés. Nous faisons irruption dans une vaste salle, au grand ébaubissement des gens de la maison, qui n'ont pas l'habitude de voir des voyageurs si pressés.

Quelques instants après, nous étions assis à une longue table, dont nous occupions le bout, et chacun faisait de son mieux pour réparer le temps et les forces perdus, car nous avions fait environ huit lieues depuis le matin.

Le déjeuner est très animé; tout le monde parle et mange en même temps. Nous avons décidément affaire à de charmants compagnons de route. Nous avons tous grand'soif et nous buvons beaucoup d'un petit vin blanc sec et pétillant, qui ne laisse pas que de jeter un peu de gaîté parmi la compagnie.

Nos amis, car maintenant nous sommes des amis, avaient d'abord eu l'intention de rester à coucher ici; mais nous ne pouvons pas nous séparer comme cela; ils décident qu'ils vont nous suivre et qu'ils iront coucher où nous les conduirons.

Nous prenons deux voitures : eux, une voiture à quatre places, nous, un char à deux places.

Notre déjeuner s'est prolongé un peu trop longtemps. Il faut que nous soyons à 4 heures à Spietz, pour prendre le bateau. Allons, fouette, cocher !

— Si nous allions manquer le bateau !

— Ma foi ! tant pis.

Nous sommes tous très gais. Il fait un temps magnifique. L'autorité paternelle commence à perdre de sa gravité. Nous voilà partis au grand galop ; eux, en avant, nous à quelques pas derrière. Nos équipages soulèvent des flots de poussière.

Comme la route zigzague en descendant, à chaque détour nous apercevons nos compagnons ; nous agitons nos mouchoirs et nos chapeaux en l'air et nous nous envoyons des saluts de la main. Nous les entendons qui chantent.

La route que nous descendons est très pittoresque : d'un côté la montagne, un mur ; de l'autre la vallée, un précipice.

Tout à coup nous sentons un choc, une roue de notre voiture monte sur une énorme pierre qui borde le chemin. Le cocher saute à terre, prend le cheval par la bride ; mais il est trop tard. La voiture penche sur le côté et, en tombant, nous lance tous les deux à quelques pas de là. Le cheval s'arrête.

Nos compagnons de route se retournent pour faire leurs signaux ; ils aperçoivent Anatole gisant à terre, moi par-dessus, la voiture versée, les traits cassés, le cheval à moitié dételé et le cocher se démenant pour remettre tout en place.

Leur première impression est que nous sommes blessés, tués peut-être ! ils accourent vers nous et nous trouvent tous les deux en train d'épousseter nos manches, pleines de poussière.

— Ah ! mon Dieu, vous vous êtes fait mal ?

— Oh ! oui, dit Anatole, nous avons dû nous faire mal.

— Mais où souffrez-vous ? Voici un peu d'arnica.

— Ah çà ! où donc est ma blessure ? dis-je à mon tour. Monsieur, tâtez-moi, je vous en prie ; je ne peux pas trouver ma blessure.

Ah ! voici la mienne, répond Anatole en ramassant son chapeau : je me suis enlevé la coiffe de mon chapeau.

— Et moi, je me suis fait un trou au genou... de mon pantalon.

— Ce ne sera rien, dit le père. Remontons en voiture...

Pendant ce temps-là notre cocher a arrangé tant bien que mal notre attelage, et nous voilà repartis. Quand nous sommes remontés :

C'est bien fâcheux, me dit Anatole, que tu ne te

sois pas cassé quelque chose. Voilà qui donne à des impressions de voyage un intérêt palpitant! Mais quoi! pas une égratignure! c'est absurde!

— Veux-tu, lui dis-je, que je te *poche* un œil? Nous dirons que celà t'est arrivé en tombant.

— Non, tout l'intérêt serait pour moi. Je ne peux pas accepter cette offre généreuse.

Enfin, c'est égal! c'est ne pas avoir de chance, répétons-nous en chœur. On ne croira jamais que nous avons eu un accident.

A moitié route, il faut faire reposer les chevaux; on détèle et, tandis que nos coursiers mangent leur avoine, nous entrons dans un petit hôtel pour prendre quelque chose.

Nous trouvons là, par hasard, un vieux clavecin.

Anatole se place devant et en tire les sons les plus invraisemblables. Soutenus par cet accompagnement étrange, nous entonnons un duo, bientôt suivi de chœurs insensés où règne le plus grand ensemble, mais pas la moindre harmonie.

L'autorité paternelle perd complètement sa gravité.

L'hôtelier ne sait plus du tout ce que ça veut dire. Les chiens aboient dans la cour, les chats se sauvent sur les toits. La servante de l'auberge, ahurie, laisse tomber le plateau sur lequel elle apporte les verres, et le bruit des verres cassés jette une note plaintive au milieu de cette sauvage harmonie. Nos deux cochers arrivent tout effarés et ne trouvent d'autre moyen pour faire finir ce vacarme que de nous dire que les chevaux sont prêts.

Un grand calme se fait et, au milieu du silence, le père chante un long récitatif de sa composition, qui n'a rien d'absolument méthodique, mais qui est très original. Il y a surtout des passages sans transition de majeur en mineur qui sont d'un effet saisissant.

Le sujet : « Allons, il faut partir, retirons-nous sans bruit ! » est immédiatement vociféré en chœur par la petite société. Puis nous partons, personne ici n'ayant l'air de vouloir nous retenir plus longtemps.

La route se fait sans incident jusqu'à Spietz, où nous arrivons vers quatre heures et demie. Le bateau qui fait le service du bac passe au large; une frêle embarcation nous conduit à bord. C'est l'*Interlaken*, un vapeur qui jauge environ cent cinquante passagers, de la composition la plus hétérogène. Toutes les nations s'y coudoient en costume de voyage.

La vue de tout ce monde et la brise qui s'élève du lac calment nos effervescences folâtres ; nous redevenons presque sérieux.

Nous filons à toute vapeur : la traversée est

bonne; personne n'est malade, et au bout de trois quarts d'heure nous touchons à Interlaken; c'est là que finit le lac de Thoune. De l'autre côté de la ville commence le lac de Brienz; nous nous y rendons immédiatement pour nous embarquer sur le bateau qui va nous conduire au *Giesbach*.

Nous ne nous arrêtons pas à Interlaken, que nous connaissons déjà; nous ne faisons que traverser la ville. En passant, nous apercevons sur le seuil de sa porte le maître de l'hôtel où nous sommes descendus l'année dernière. En nous voyant arriver, sa figure s'épanouit comme celle d'un pêcheur qui tient un goujon au bout de sa ligne; mais elle se rembrunit aussitôt quand nous lui disons que nous ne faisons que passer. Cependant nous sommes en retard, et il a la complaisance de nous prêter son omnibus pour nous mener au bateau.

Voici la cloche qui sonne. Nous partons.

XII

LE GIESBACH

A six heures et demie, nous arrivions au *Giesbach*. Nous sommes en pays de connaissance. Voilà bien la dernière chute de la cascade, qui vient se reposer dans le lac, fatiguée des sauts et des bonds qu'elle fait depuis le haut de la montagne. Voilà aussi la cabane au bord du lac qui sert de salle d'attente aux voyageurs, et le vieux chevrier, avec son costume pittoresque, qui vend des plumes d'oiseau, des photographies et des petits objets de l'industrie du pays, fabriqués à Paris.

On monte; voici le petit chemin qui raccourcit. C'est bien ça, et puis voilà la dépendance. Voici la fenêtre de la chambre où nous avons couché, là, juste en face des cascades.

Les souvenirs sont de vieux amis qu'on retrouve toujours avec plaisir.

L'hôtel est plein de voyageurs et, par une coïncidence heureuse, nous nous trouvons justement placés dans les chambres que nous avions occupées

6

la dernière fois. Ces chambres donnent sur une grande terrasse où, après notre dîner, nous venons nous installer et fumer un cigare en attendant l'illumination des cascades.

La nuit descend doucement. Le feuillage s'assombrit et les chutes n'apparaissent plus que comme des lueurs blanches dans cette obscurité. On entend le bruit continu de la cascade. La brise de ce beau soir répand des caresses dans l'air. Nous nous taisons. Eux comme moi, peut-être, sont en proie à de vagues extases et sentent flotter autour d'eux je ne sais quelle poésie pénétrante et indéfinissable. Ah! si un jour...

Tout à coup, comme sous la baguette d'une fée, une lueur splendide éclaire les chutes. Ce spectacle est fantastique. On dirait des flots de feu s'échappant d'une montagne infernale.

Puis la flamme rougit. Ce sont maintenant des flots de sang qui s'épanchent d'une plaie béante que la main d'un Titan aurait faite au sein d'un monstre gigantesque.

Puis la flamme devint verte. Ce sont...

— Des feux de Bengale, dit Anatole.

— Animal!

Bientôt les illuminations cessent. Tout le monde rentre, et

> L'on n'entend plus que les Dryades,
> — Mystérieux et léger bruit! —

Chanter leurs douces sérénades
Aux Ombres de la nuit.

Nous causons assez tard sur la terrasse avec nos compagnons de route, et nous nous retirons dans nos chambres en convenant que le lendemain matin nous serons debout à 5 heures, pour faire une dernière excursion avant de nous quitter.

Nous nous couchons, enchantés de cette journée, où nous avions goûté des émotions de toute nature et qui finissait si bien, après avoir failli finir si mal.

Si nous avions versé de l'autre côté!..

A 5 heures, nous étions levés, et nous montions au haut des cascades, grimpant de merveilles en merveilles. Les cascades supérieures qui, de l'hôtel, paraissent plus petites que celles d'en bas, sont tout aussi grandes. Nous pénétrons sous l'une d'elles. Sous la large courbe que décrit la nappe d'eau en jaillissant, on a jeté un pont, et de ce pont, à travers ce voile humide, on jouit d'une vue admirable. L'écume blanche des chutes brille au milieu des roches mousseuses, et les grands arbres verts qui descendent en détours capricieux à travers la montagne accompagnent la cascade jusqu'au lac de Brienz, que nous voyons tout en bas de nous, bleu comme le ciel pur qu'il reflète.

A l'horizon, le lac est bordé par de belles montagnes dont les cimes se perdent au loin.

Nous admirons, puis nous redescendons à l'hôtel, régler nos comptes, avant de prendre le bateau, qui part à 7 heures pour Brienz.

— Sais-tu, me dit Anatole, que nous dépensons furieusement d'argent?

— Ah! dame, tu connais le dicton : *Point d'argent, point de Suisse!*

— C'est égal, je te dis que nous dépensons trop d'argent.

— Peut-être sommes-nous trop faciles!

— Je le crois ; mais tu vas voir : je vais serrer un peu les pouces.

— C'est une bonne idée, mais un peu tardive. Nous serons rentrés demain.

On apporte la note. Anatole trouve matière à discussion et, après de longs pourparlers avec la bonne, qui en réfère à son patron, nous obtenons un rabais de 35 centimes, sur une note de 28 fr.

— Tu vois, fait Anatole enchanté, il faut se montrer, avec ces gens-là. Ils vous...

— Dépêchez-vous, nous disent les jeunes Américains en entrant dans la salle, on entend la cloche du bateau.

— Nous descendons et nos amis nous accompagnent jusqu'au quai d'embarquement, où nous échangeons les adieux les plus touchants.

C'est une singulière chose que ces amitiés d'un jour faites en voyage.

On se sépare, enchantés les uns des autres, en se disant réciproquement :

« J'aimerais passer ma vie au milieu de gens aussi aimables. Quelle franchise! quel laisser-aller! quelle charmante société! »

Et eux, et nous, peut-être, nous sommes des voisins détestables, ayant bien, si vous voulez, les qualités que nous venons de montrer là, mais ne nous en servant pas dans notre milieu de tous les jours.

A quoi cela tient-il? Je ne sais; peut-être à l'air pur, à l'oubli momentané des intérêts...

Ces idées philosophiques nous mènent à Brienz, où nous quittons le bateau pour prendre la diligence fédérale, qui va nous conduire à Alpnach, sur le lac de Lucerne, par le col du *Brunig*. Le *Rigi* sera notre dernière excursion. Nous rentrerons ensuite, après un voyage trop court, mais bien employé, que nous continuerons l'année prochaine, *si fata sinant!*

XIII

BRIENZ, LE BRUNIG, LE LAC DES QUATRE-CANTONS

En quelques minutes nous avions traversé la partie du lac qui sépare le *Giesbach* du village de Brienz. Il était alors sept heures et demie, et la journée promettait d'être chaude. Trois ou quatre grandes diligences fédérales étaient là qui nous attendaient. La vue de ces véhicules à robe jaune et à capuchon noir ne nous rassurait que médiocrement.

— Nous allons étouffer là dedans.

— Et, par-dessus le marché, ne rien voir.

— Il faudrait trouver un moyen, disait Anatole en se tirant les mèches qu'on lui avait raccourcies à Genève, il faut trouver un moyen.

Derrière ces voitures se trouve un siège surélevé; c'est là que se met le conducteur; on peut l'obtenir quelquefois, mais par corruption; encore faut-il s'y prendre la veille.

— Nicolas, Nicolas, me crie Anatole, qui depuis un instant s'était un peu éloigné, viens donc.

— Qu'y a-t-il?

— J'ai trouvé notre affaire. Donne ton sac. Bien. Voilà.

En disant cela, il avait mis nos sacs sur la banquette du conducteur.

— Par quelle intrigue as-tu pu obtenir ces places? Elles étaient retenues à notre arrivée.

— Chut! parle bas et tiens-toi bien. Je t'ai fait passer pour le petit-fils du grand-duc, et l'on a prié les deux personnes qui avaient pris ces places de descendre dans l'intérieur.

— Et ces personnes n'ont rien dit?

— Elles ont bien grogné un peu; mais le bonhomme du bureau a été absolument convaincu, et il a bien fallu qu'elles en passent par là. Pourvu qu'elles ne te voient pas! Oh! pour le coup, elles ne douteraient plus. Je ne sais pas comment tu es ficelé ce matin, mais, ma parole d'honneur, tu as plutôt l'air d'un employé au timbre en rupture de *banc* que du petit-fils du grand-duc. Tu devrais... Bon! les voilà. Parle-moi russe!

— *Kakiaz danovié novaroff potatoes good morning*, dis-je avec préipitation.

— *Nietz on patchi té enfoncé mon pti all right, Nicolaï*, répondit tranquillement Anatole à voix assez haute, en se tournant vers les deux voyageurs, qui nous regardaient d'un œil inquiet où perçait une certaine méfiance.

Anatole continuait à me parler dans cette langue hybride; moi, je me tordais de rire sous le bavolet de ma casquette mexicaine, et j'eusse éclaté vraiment si le conducteur ne fût venu dire :

« En voiture, messieurs, en voiture!

Nous montâmes triomphants sur notre impériale, et nos deux voyageurs s'insinuèrent en murmurant dans le véhicule à robe jaune et à capuchon noir. Les chevaux se mirent en marche, et l'on s'avança dans la vallée de Meyringen, jusqu'au pied du *Brunig*.

A propos du Brunig, je vous dirai que nous le retrouvons le même, c'est-à-dire un des plus jolis passages de la Suisse. La route est parfois effrayante à voir, mais elle est admirablement bâtie. Elle ne présente aucun danger, et l'on peut sans crainte se laisser aller à tout le charme que procure la vue de ces splendides paysages dont l'aspect change à chaque contour de la route.

Vers dix heures nous arrivions au joli lac de Sarnen.

— Le soleil abuse de sa force, me dit Anatole.

— Heureusement voici Sarnen, et nous allons descendre pour déjeuner.

En effet, nous descendons et, tandis que l'on change les chevaux, nous déjeunons tranquillement.

Au bout d'une demi-heure nous remontons; mais le soleil était devenu si ardent qu'en nous asseyant tous les deux sur nos sièges en cuir nous poussons le même cri :

— Aïe ! je me brûle.

A ce cri parti du cœur, en chœur, nous nous regardons et nous ne pouvons nous empêcher de rire.

— Tu vois, dis-je à Anatole, tu vois, c'est le ciel qui nous punit de notre supercherie. Qu'en dis-tu ? Crois-tu que nous ne serions pas mieux dans l'intérieur du véhicule? au moins nous aurions un peu d'ombre !

— C'est vrai, dit Anatole, nous aurions plus d'ombre et moins de remords, et les miens sont cuisants. Demande donc aux deux voyageurs s'ils tiennent particulièrement à leur place.

— Au prochain arrêt je le leur demanderai.

Le prochain arrêt, c'était Alpnach, c'est-à-dire l'endroit où nous laissions la voiture pour prendre le bateau qui devait nous conduire à Weggis. Nous n'étions pas fâchés d'arriver, et la vue du lac des Quatre-Cantons nous procura une douce jouissance. Nous étions depuis le matin sur nos sièges, et la perspective de changer de mode de locomotion nous souriait infiniment.

Il y a des pays où les bateaux à vapeur attendent les diligences fédérales; mais là, le bateau à vapeur s'en va quand il voit arriver de loin la diligence fédérale.

Comme c'est amusant, n'est-ce pas? Vous vous dites : « C'est bien, nous allons partir; dans deux heures nous serons à Weggis ; de là, nous monterons au *Rigi* et nous arriverons encore à temps pour voir le coucher du soleil. » Et puis, pas du tout, voilà le bateau parti, et tout votre itinéraire avec lui.

Moi, j'étais furieux. Anatole, lui, n'en était pas fâché. Vous allez savoir pourquoi tout à l'heure.

— Qu'est-ce que nous ferions bien? lui dis-je.

— Eh bien, allons déjeuner à l'hôtel.

— Mais nous venons de déjeuner à Sarnen.

— Eh bien, nous prendrons quelque chose pour nous rafraîchir à l'hôtel.

— Moi, j'aimerais mieux, si tu veux, aller nous étendre un peu sur l'herbe là-bas, au bord du lac; il doit y faire bon.

— Je veux bien, mais alors portons nos bagages à l'hôtel.

— Ah çà, Anatole, vous tenez donc bien à y aller, à l'hôtel?

— Moi? non, fit Anatole d'un air indifférent.

Je me doutais du contraire, et mes soupçons se changèrent en réalité quand je vis venir à nous, fraîche, accorte et gentille, une jeune fille que j'avais déjà vue à notre dernier voyage. Je me rappelai qu'elle avait été pleine de soins pour Anatole, qui ce jour-là avait mal aux dents, et je compris son insistance pour venir à l'hôtel

Je crus qu'il allait l'embrasser, mais dans un coin de la grande salle, derrière pas mal de bouteilles vides, se tenait un petit vieux qui les regardait d'une singulière façon, et je fis signe à Anatole de se tenir. Cependant ils avaient renoué connaissance avec quelque chaleur, et moi qui n'avais pas les mêmes raisons de gratitude expansive, je m'en allai à la cuisine commander ce que nous voulions prendre.

Quand je revins, Anatole avait l'air tout déconfit.

— Elle est mariée, me dit-il.

— Eh bien, quoi ? voulais-tu l'épouser ?

— Non... mais...

— Eh bien, alors, qu'est-ce que ça te fait ?

— Ça me fait... ça me fait... tu es étonnant, toi, avec tes questions ; tu ne comprends pas ces choses-là ; ça me fait que je n'aime pas voir la fleur arrachée à sa tige ni la goutte de rosée du matin disparaître dans les rayons du soleil, qui...

— Tiens, regarde donc, Anatole, oh mais ! c'est très curieux.

En effet, depuis un instant, le ciel s'était assombri et un gros orage couvrait la surface du lac, qui, par endroits, prenait des teintes impossibles à décrire.

— Voilà un vert tendre, dit Anatole, qui me rappelle absolument la jupe d'une vieille tante que j'ai eue dans le temps, tu sais, ma tante Canouillet.

Tout le monde était rentré dans la salle de l'hôtel, et l'orage s'avançait vers nous. Par la fenêtre, nous apercevions au loin un gros nuage noir qui enveloppait complètement la tête du *Rigi*. Le tonnerre grondait avec un fracas épouvantable en se répercutant dans les montagnes, et la crête des pics se découpait nette dans d'immenses langues de feu. C'était très beau, mais nous craignions que le temps ne nous empêchât de partir, quand presque tout à coup l'orage disparut derrière le *Pilate*, et l'on n'entendit plus que le bruit éloigné des derniers coups de tonnerre.

— Le bateau va partir, allons, Anatole, va lui faire tes adieux.

— A qui donc?

— Hypocrite, va!

Anatole disparut un instant, et revint. Ce qui s'est passé, je n'en ai jamais rien su.

Nous voici sur le bateau; il fait un temps délicieux, l'orage a rafraîchi l'atmosphère et reverdi ces riantes montagnes qui se reflètent dans le lac des Quatre-Cantons; de chaque côté, deux sentinelles gigantesques semblent couvrir le lac de leur protection. C'est le *Rigi*, le roi des monts, et le *Pilate*, ce mendiant aux pans de verdure déchirés, ou mieux, comme dit le *Guide*, ce squelette osseux et dénudé, à la tête couronnée de nuages où dorment les tempêtes.

Nous arrivons à Weggis. La chaleur commence un peu à tomber; mais il fait encore chaud.

— Nous montons à pied? me dit Anatole.

— Comment donc?

— Dire qu'il y a des gens qui montent au *Rigi* à cheval!

— C'est absolument ridicule; moi je n'appelle pas ça voyager, et toi?

— J'aimerais mieux ne pas y aller, moi.

Nous commençons à monter à pas lents, mais égaux, vous savez, et au bout d'un instant... au détour d'un chemin nous rencontrons un homme qui descendait poussant devant lui deux bonnes bêtes de chevaux dont le sabot faisait rouler les pierres du chemin.

— Tiens! voilà *Paquita!* me dit Anatole.

Paquita est une vieille jument que nous montions dans le temps au manège Lalanne, quand nous prenions des leçons d'équitation.

— Tiens! oui, c'est elle. Te rappelles-tu? Ah! la bonne bête!

— Comme elle était douce, et agréable à monter!

— Je crois bien; moi j'avais un culte pour cette bête-là.

— Celle-ci lui ressemble beaucoup.

— J'aurais du plaisir à la retrouver.

— Dis donc, je ne vois personne. En souvenir de *Paquita*, si nous prenions celle-là, qu'en penses-tu ?

Dix minutes après, nous étions à la petite auberge et nous descendions de nos montures pour les laisser souffler un peu, et enfin, vers sept heures et demie *Paquita* et sa compagne — ou son compagnon, je ne sais pas, — nous déposaient à la porte de l'hôtel du *Rigi Kulm*.

XIV

LE RIGI

L'hôtel est plein de monde. Nous dînons à la table d'hôte, dans une immense salle qui ne contient pas moins de deux cent cinquante personnes. Après dîner nous allons fumer un cigare à quelques pas de l'hôtel, sur un plateau culminant d'où nous admirons le coucher du soleil; puis nous rentrons nous coucher de bonne heure, car demain matin il faudra nous lever avant le soleil, pour le voir en faire autant.

Notre petite chambre, que nous avons eu toutes les peines du monde à avoir, se trouve sous les toits. Nos deux lits se touchent, et, pour ne pas étouffer, nous sommes obligés de laisser la « tabatière ouverte », ce qui du reste, fait l'affaire d'Anatole, car Anatole étant d'une certaine taille, comme je vous l'ai dit, et les lits étant un peu courts, il passe ses pieds par la fenêtre pour étendre toute sa longueur.

A trois heures et demie un bruit de trompette

se fait entendre dans les couloirs, et le branle-bas commence. Quel remue-ménage! On entend des portes qui s'ouvrent, des sonnettes qui grincent, des bâillements sonores, de gros souliers qui remuent, des gens qui chantent, et tout ce brouhaha descend pêle-mêle dans les escaliers et s'achemine vers le point culminant. Il fait horriblement froid, et dans le crépuscule du matin cette foule bariolée fait l'effet le plus pittoresque. Les hommes enveloppés dans leurs couvertures, les uns en bonnet de coton, les autres en casquette de voyage, les autres en chapeau à haute forme ; les dames, en toilette du matin, les cheveux au vent, frissonnant sous leurs châles, tout cela causant, bâillant, grelottant, forme un tableau des plus cocasses.

— Mes pinceaux! s'écrie Anatole, où sont mes pinceaux?

Tout à coup à l'horizon une lueur se fait, et le disque grandissant du soleil s'élève lentement, jetant des teintes roses sur toute la chaîne des Alpes, que nous avons derrière nous. Les plaines et les lacs s'illuminent, et la vue, dont la puissance limitée ne va pas aussi loin que l'espace, embrasse, dans une circonférence de cent lieues, un panorama saisissant qui se compose de je ne sais combien de lacs, d'au moins autant de montagnes et d'encore plus de villages.

Le *Rigi*, par sa position isolée au milieu des autres montagnes, vous permet de voir tout cela en tournant sur vos talons.

— C'est le bouquet, dit Anatole.

Nous rentrons à l'hôtel, nous bouclons nos sacs, nous faisons nos comptes, et nous partons après un bon déjeuner, quoiqu'il soit encore grand matin. Avez-vous remarqué comme on a toujours faim en voyage?

Environ deux heures après, assis tous les deux sur un tertre, à l'ombre d'un petit bois de sapins, nous goûtions, avec l'air pur du matin, les jouissances de notre dernière excursion. A nos pieds se déroulait un beau paysage.

— Enivre-toi, dis-je à Anatole, enivre-toi de cette nature, demain tu vas reprendre ton travail quotidien. Les petits sentiers verts seront devenus de grandes rues grises. Cette forêt ombreuse de jeunes sapins aura fait place à une forêt de tuyaux de cheminée, et la rosée que l'aurore soulève sera remplacée par la poussière des boueux du matin. A cette heure Paris est encore endormi; ici tout est éveillé. Entends-tu le chant des oiseaux?

— Il est long, votre discours, cher monsieur Nicolas.

— Hume ce bon air!

— Ah! quel bonheur!

— J'ai dit bon air. Goûtons en paix le charme

sans mélange de ces plaisirs champêtres, agrestes... et...

— Comment, ça n'est pas encore fini ?

— Anatole, si vous m'interrompez encore, je vous rappelle à l'ordre.

Et Anatole, prenant un air résigné mais distrait, agace du bout de son bâton ferré un nid de petites bêtes noires qui grouillent près de nous.

— Demain nous allons reprendre l'esclavage de la vie ; les devoirs de la société, ces grands sentiments de solidarité qui, par des affinités physiologiques et sympathiques, relient l'homme à l'homme, vont reprendre leurs droits sur nous. Aujourd'hui Anatole, profite de ton indépendance : où tu veux aller, tu vas ; où tu veux rester, tu restes. Tu es le maître, entends-tu bien, tu es le maître ; sais-tu bien ce que c'est que le maître... ?

— Parbleu, si je le sais ! dit Anatole : c'est la dix-millionième partie de la distance du pôle à l'équateur terrestre, mesurée sur la surface de l'Océan.

Et tous deux, partant d'un grand éclat de rire et d'un pas léger, nous redescendons jusqu'à Weggis où nous trouvons le bateau qui nous mène à Lucerne.

XV

LUCERNE... PARIS...!

N...i...ni, c'est fini! Le chemin de fer..., la ligne droite..., la ligne plate...! Paris...!

TABLE DES MATIÈRES

Paris. — Imp. Sylvain DENNERY, 40, rue des Blancs-Manteaux.

www.ingramcontent.com/pod-product-compliance
Ingram Content Group UK Ltd.
Pitfield, Milton Keynes, MK11 3LW, UK
UKHW021104220726
13924UKWH00004B/1505

9 782019 961534